Manchester

Sarah Neder

Inhalt

Das Beste zu Beginn

Die schönste Aussicht
Der Ausblick von der Princess Street auf die Rückseite des **Kimpton Clocktower Hotels** (► S. 54) lässt mich von der Hochphase der Industrialisierung träumen. Von rauchenden Schornsteinen, ratternden Maschinen und Zugpferden, die Karren mit Stoffrollen übers Kopfsteinpflaster ziehen.

Stadionluft schnuppern
Mancunians sind stolz darauf, dass ihre Heimat ein Fußballmekka ist. Nicht zuletzt haben **Manchester United** und **Manchester City** der Stadt zu Weltruhm verholfen. Karten für ein Spiel zu ergattern, ist aber nicht so einfach. Wer Stadionluft schnuppern will, macht am besten eine Führung bei den Vereinen mit (► S. 67, S. 113)

Vorsicht vor den Gänsen
Die wahren Herren der **Wasserwege** sind die Kanadagänse. Hunderte besiedeln stadtweit die Ufer, schwimmen, grasen, schnattern. Von Weitem nett zu beobachten, sollte man ihnen nicht zu nahe kommen – vor allem, wenn Küken dabei sind. Dann ist das Federvieh auf Krawall gebürstet.

Feministischer Fingerzeig
Protest und Rebellion sind tief in der Stadt verwurzelt. So kämpfte etwa Englands furchtlose Feministin **Emmeline Pankhurst** aus Manchester für die Rechte der Frauen. Am St. Peter's Square erinnert ihr in Bronze gegossenes Abbild (► S. 22) mit ausgestrecktem Zeigefinger auch heute noch an ihre Botschaft und ehrt ihr Vermächtnis.

Boho-Charme
Frühstücken, flanieren, feiern: All das geht im **Northern Quarter.** Das Viertel strahlt Boho-Charme aus und zieht Besucher regelrecht in die Szene rein. Individuelle Lädchen, Plattenshops, Bars und Pubs reihen sich dicht an dicht. Der Abend klingt im legendären **Night & Day Café** (► S. 107) oder bei Livemusik im **Band on the Wall** (► S. 107) aus.

Hogwarts lässt grüßen

Die **John Ryland's Library** (▶ S. 28) ist eines der beliebtesten Wahrzeichen der Stadt. Hauptattraktion: Der zweistöckige Lesesaal, der dank alter Buchrücken und Holzregale an die Bücherei aus der Zauberschule Hogwarts erinnert. Nicht nur für Harry-Potter-Fans ein Erlebnis.

Braukunst im Brückenbogen

Ein Geheimtipp: Am Wochenende sperren viele lokale **Brauereien** ihre Türen auf und verwandeln die Produktionsstätte zum Treffpunkt für lokale Bierfans. Track Brewery, Manchester Union Brewery, Manchester Brewing Co. befinden sich in den Brückenbögen der Bahnlinie, die zur Piccadilly Station führt. Manche Bierproduzenten bieten auch eine Tour durch ihre Anlagen an. Kostproben selbstverständlich auch.

Ab ans Wasser

Naherholung ganz wörtlich gibt's in der **New Islington Marina** (▶ S. 52) von Ancoats. Rund um das kleine, mit Hausbooten gespickte Hafenbecken laden Wiesen und Parkbänke zur Pause ein. Den nötigen Proviant holt man sich bei der beliebten und preisgekrönten Pollen Bakery.

Nach oben schauen

Ein englischer Freund hat mir mal gesagt: »Willst du die wahre Schönheit von Manchester sehen, musst du nach oben schauen«. Seitdem lasse ich öfter mal den Blick über viktorianische Giebel und moderne Glasdächer schweifen. Und ich finde, er hat recht.

Ich liebe das Northern Quarter, verlaufe mich in den schmalen Gassen, entdecke versteckte Straßengalerien, stöbere durch Schallplattenstapel und Kleiderstangen. Ein Abstecher in meinen Lieblings-Pub The Castle Hotel macht meinen Samstagnachmittag perfekt.

Fragen? Erfahrungen? Ideen?

Ich freue mich auf Post.

Mein Postfach bei DuMont:
neder@dumontreise.de

Das ist Manchester

Ein Wochenende in Manchester ist wie eine gute Jukebox. Es erfüllt jeden Wunsch. Hat ein gigantisches Repertoire. Überrascht. Ohne großes Aufheben. Sie wollen Kultur, Subkultur, Subsubkultur? Oder einen Foodie-Trip? Essen vom Feinsten? Straßenküche? Japanisch, italienisch, vegetarisch? Wie wär's mit Shoppen: Neu, alt, verrückt – gibt's alles. Oder ist Geschichte Ihr Ding? Bücher? Mit Bedeutungsstaub? Dann ab in die ältesten Bibliotheken Europas. Manchester ist was für Abenteurer, Nostalgiker, Technik-Geeks, Feministinnen, Musikfans. Manchester enttäuscht nicht. Manchester liefert. Münze rein. Genre wählen. Und play!

Neue Ufer und alte Hemdsärmeligkeit

Manche nennen es die kleine Schwester Londons. Es stimmt. Manchester hat sich in den vergangenen Jahrzehnten aus dem Kohlemantel der industriellen Revolution geschält. Hat die Lücken der rückläufigen Produktion mit neuem Leben gefüllt. Und sich dabei an der Hauptstadt orientiert. Die Metropole des Nordens wächst schnell, boomt förmlich. Wer nicht nach London will, zieht nach Manchester. Zum einen, weil das Leben hier noch deutlich günstiger ist. Aber auch, weil es kulturell mit der Megacity im Süden mithalten kann. Die Stadt könnte sich bahnbrechender Erfindungen, großer Konzerthallen, uralter Bibliotheken und ihrer fünf Universitäten rühmen. Aber das ist nicht so ihr Ding. Manchester macht keinen Wind um sich. Gibt nicht gern an. Nicht falsch verstehen: Die Mancunians sind stolz auf ihre Stadt. Sehr sogar. Auf die reiche Musikkultur, die von hier stammenden Bands wie Oasis, The Smiths, The Stone Roses oder Joy Division. Auf ihre Feier- und ihre Pub-Kultur. Auf die Arbeitermentalität. Auf den Zusammenhalt, den diese schafft. Auf die Ur-Feminstin Emmeline Pankhurst und ihren Ungehorsam. Und natürlich auf den Fußball von »United« und »City«. Dabei sind die Einwohner selbst die größte Sehenswürdigkeit, die die Stadt zu bieten hat. Mancunians sind offen, freundlich, etwas schräg, geschwätzig, nahbar. Für diese positiven Eigenschaften sind sie im ganzen Land bekannt. Nicht ungewöhnlich, dass man am Pub-Tresen angesprochen wird. Und das ist nicht mit einem Flirt zu verwechseln. Die Mancunians sind einfach unheimlich gastfreundlich. Solche Begegnungen machen den Besuch einzigartig. Unvergesslich.

Mit Herz und Verstand

Die Seele der Stadt liegt im Northern Quarter. Die Nächte dort sind bunt und schrill und laut. Bars glitzern, Bässe wummern. Es liegt eine Stimmung in der Luft, die ruft: So jung wie heute kommen wir nicht mehr zusammen. Sich unters Volk zu mischen, ist eine Leichtigkeit. Die Devise lautet: Treiben lassen. Von Theke zu Theke. Das Leben ist eine Party. Am Tag bietet das gleiche Viertel Kater-Heilmittel für die Rockstars von gestern: herzhaften Brunch, starken Kaffee, Plattenläden, Vintage-Shops, Kunst an der frischen Luft. Wenn Manchesters Seele im Northern Quarter sitzt, dann liegt sein Gehirn an der Oxford Road. Rund um die Hauptverkehrs-

Alt und Neu treffen am Exchange Square im Zentrum aufeinander.

achse liegen zwei Universitäten, mehrere Labore, Technikfirmen. Zum Beispiel arbeiten Forschende dort an dem ultraleichten, aber stabilen Material Graphen. Dieser Abschnitt ist deshalb heutzutage als Innovationsdistrikt bekannt. Wissenschaftler haben aber schon im vergangenen Jahrhundert Bahnbrechendes an der Oxford Road hervorgebracht. Ernest Rutherford etwa. 1917 hat er hier das erste Atom gespalten. Oder Tom Kilburn und Frederic Williams. Das Duo hat in einem Institut an der Oxford Road 1948 den ersten Computer entwickelt. Revolutionäre Erfindungen, die Manchester mit stiller Bescheidenheit feiert.

Kontrastreich

Typisch. Manchester klopft sich nicht gern auf die Schulter. Vielleicht, weil es auch einige Dinge in der Stadt gibt, die nicht ideal laufen. So kämpft sie seit Jahren gegen steigende Obdachlosigkeit. Auf dem Weg vom Hauptbahnhof Piccadilly Station bis zum Knotenpunkt Piccadilly Gardens zeigt sich das am deutlichsten. Frauen und Männer sitzen auf dem Gehweg, bitten Passanten um Kleingeld. Mehr besorgniserregend als bedrohlich. Manchester besteht aus Kontrasten. Aus poliert und rau. Aus neu und alt. Aus glamourös und heruntergekommen. Gegensätze liegen in direkter Nachbarschaft. Manchmal finden sie sich sogar im selben Gebäude wieder. Wie in den viktorianischen Fabriken, deren Fassaden heute mondäne Apartments und schicke Restaurants füllen. Es sind diese Unterschiede, diese Höhen und Tiefen, die den Charakter der Stadt definieren. Am Trendviertel Ancoats zeigt sich am besten, wie magnetisch dieser Cocktail auf Szenegastronomie und deren Publikum wirkt. Die Industrievergangenheit des Stadtteils hallt mittlerweile nur noch wie ein Echo in die gestylte Gegenwart. Über den ratternden Maschinen von damals liegt heute eine Tonspur aus Gläserklirren, Stimmengewirr und Absätzen auf Kopfsteinpflaster. Eine Mischung, an der sich keiner so schnell satthört. Nicht mal die Einheimischen.

Manchester in Zahlen

25

Nobelpreisträger hat die University of Manchester bislang hervorgebracht.

42

Mio. Pfund hat der Bau der Klassik-Konzerthalle Bridgewater Hall gekostet.

140

Regentage gibt es in Manchester pro Jahr.

201

Meter misst Manchesters aktuell höchstes Gebäude, der South Tower in Deansgate.

841

Kilometer sind es von Frankfurt nach Manchester.

1780

eröffnete die erste Baumwollspinnerei.

1809

wird der Vegetarismus von dem aus Salford stammenden Priester William Cowherd begründet.

1830

fuhr der erste Personenzug von Liverpool nach Manchester.

55 097

Menschen fasst das Etihad Stadium von Manchester City,

76 000

hingegen das Old Trafford, das Stadion von Manchester United – und liegt damit ungefähr gleich auf mit der Allianz Arena von Bayern München.

100 000

Studierende sind an den fünf Universitäten in Manchester eingeschrieben.

500 0000

Bienen leben auf dem Dach der Manchester Cathedral. Sie sind in guter Gesellschaft: So siedelte Notre-Dame in Paris 2013 drei Bienenstöcke mit dreimal so vielen Tierchen auf dem Dach ihrer Sakristei an. Wie durch ein Wunder überlebten sie das Feuer im April 2019.

Was ist wo?

Manchester ist alt und neu, glänzend und bröckelnd, glatt und rau. Diese spannende Mischung zieht sich durch die ganze Stadt, ist wie ein Basar fürs Auge, manchmal chaotisch, immer wieder überraschend. Den besten Eindruck bekommt man zu Fuß. Praktischerweise ist der Kern ziemlich einfach zu erlaufen. Im Osten von einer Ringstraße, im Westen vom Fluss Irwell eingegrenzt ist die City derart komprimiert, dass sie sich bequem an einem Wochenende erkunden lässt.

St. Peter's und Albert Square

Rücken an Rücken bilden diese Plätze das Zentrum Manchesters. Am **St. Peter's Square** (E 5/6) herrscht dank Tram-Knotenpunkt an Wochentagen reger Pendlerverkehr. Die Central Library und das berühmte Midland Hotel dienen als Kulisse. An die Bibliothek angebunden ist die Stadtverwaltung. Ein imposantes Gebäude, das wiederum an die Town Hall am **Albert Square** (E 5) angeknüpft ist. Die beiden Plätze sind mit schmalen Fußwegen verbunden. Oder aber man nimmt die große Kurve außenrum.

Chinatown

Im Osten schließt **Chinatown** (F/G 4–6) an den St. Peter's Square an. Ein Gang durch die Straßen rund um den typischen Torbogen versetzt nach Asien: eine chinesische Enklave mitten in der City. Nördlich befindet sich der zentrale Platz **Piccadilly Gardens.** Von hier aus sind es wenige Minuten **zu Fuß** zum **Hauptbahnhof Piccadilly Station.**

Gay Village

Das **Gay Village** (F–H 5–7) wird durch die Portland Street von Chinatown getrennt. Im Osten begrenzt die Parallelstraße Whitworth Street Manchesters beliebtes Schwulenviertel. Mittendurch verläuft der **Rochdale Canal,** der Namensgeber für die berühmte Ausgehgasse **Canal Street.**

Oxford Road

Südlich vom Gay Village stößt man auf die **Oxford Road** (E 6 bis außerhalb F 8) – sie führt, zunächst als Oxford Street vom St. Peter's Square über das **Universitätsviertel** bis zur **Curry Mile** (Karte 2, außerhalb H 6) in Rusholme. Mehr als 5 km misst der Abschnitt, auf dem sich unter anderem das majestätische Kimpton Clocktower Hotel, das Manchester Museum und die Galerie The Whitworth befinden. Der Lokalbahnhof Oxford Road Station liegt an der Kreuzung zur Whitworth Street.

Deansgate

Die Verkehrsachse **Deansgate** (E 3–C 7), an der etwa die **John Ryland's Library** zu finden ist, durchschneidet den westlichen Teil der Innenstadt von Norden nach Süden. Sie beginnt im Zentrums nahe der Manchester Cathedral und führt jenseits des Kanalviertels Castlefield auf die Autobahn.

Das Einkaufsviertel

Östlich von Deansgate liegt das **Shopping-Viertel** (D–F 3/4). Dessen Mittelpunkt bildet die Konsummeile **Market Street,** die sich an das gigantische Einkaufszentrum **Arndale** schmiegt. Westlich davon ziehen Luxusläden wie Selfridges und Harvey Nichols betuchtere Kunden an die New Cathedral Street. Die mündet in den **Ex-**

change Square, einen zentralen Platz mit gleichnamiger Tram-Haltestelle.

Das historische Zentrum

Zwischen Arndale und Deansgate liegt Manchesters historisches Zentrum (🕮 E/F 2/3). Zugegeben: Es ist überschaubar. Das Viertel besteht aus der **Chetham's Library,** der **Kathedrale** und der antiken Hängebrücke, die sich im Keller des Besucherzentrums gegenüber versteckt. Hinter der Manchester Cathedral erhebt sich das moderne **National Football Museum** und von hier ist es nur ein Steinwurf zur Victoria Station. Südliche Grenze der Mini-Altstadt bildet der kopfsteingepflasterte **Shambles Square,** wo die beiden mittelalterlichen Pubs The Oyster Bar und The Old Wellington im geradezu absurden Kontrast zur 90er-Jahre-Glasarchitektur der gegenüberliegenden Arndale-Mall stehen.

Castlefield

Wer der Hauptverkehrsachse Deansgate in Richtung Süden folgt, gelangt nach **Castlefield** (🕮 A–C 6–8). Das von der industriellen Revolution geprägte Viertel liegt zwischen den beiden Flüssen Irwell und Medlock. Hier befindet sich die Geburtsstätte Manchesters. Die Römer bauten um 79 n. Chr. ein Fort, das die beiden Flüsse überblickt, das sogenannte **Mamucium.** Außerdem kann man in Castlefield die Ursprünge der Eisenbahn und des Industriekanals erkunden. Im **Museum of Science and Industry** gibt's viel Anschauliches zum Fabrikboom im 19. Jh.

Northern Quarter

Wie der Name bereits sagt: Das **Northern Quarter** (🕮 G/H 2–4) liegt im Norden der Innenstadt. Es breitet sich von Piccadilly Gardens in Richtung Norden und Osten aus und wird dort von der Ringstraße Great Ancoats Street begrenzt. Sein Zentrum bildet die **Oldham Street,** die mit Pubs, Plattenläden und Vintage-Shops gespickte Szenestraße Manchesters. Quer zu dieser Trendmeile verläuft die Thomas Street, die ebenfalls mit Bars und individuellen Geschäften aufwartet.

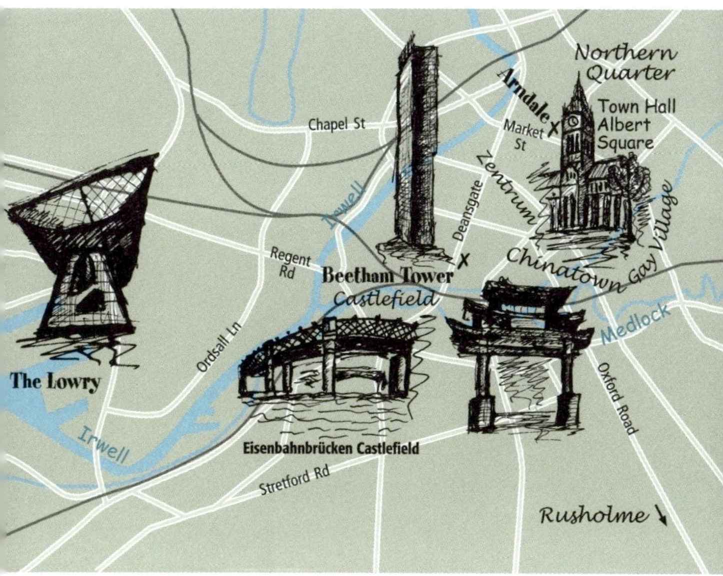

Augenblicke

Das Brooklyn Europas

Großflächige Graffiti und eiserne Feuertreppen an den Hauswänden prägen das Zentrum von Manchester. Besonders das Szeneviertel Northern Quarter erinnert an den hippen Stadtteil New Yorks. Diese Ähnlichkeit haben sich schon einige Filmcrews zu Nutzen gemacht und für die Kamera die City im Norden Englands als Big Apple ausgegeben.

Hier regiert der Regenbogen

In Manchester gilt das Motto: Je bunter, desto besser. Und zwar nicht nur an der Pride, die die Stadt am letzten Wochenende im August in Regenbogen-Ekstase versetzt. Manchester ist in England und darüber hinaus für seine große und offene LGBTQI+-Szene bekannt. Davon kann man sich an der Canal Street überzeugen – der Hauptmeile des Gay Village.

Industrie-Idyll mit Vergangenheit

Heute ist es ganz still rund um den Bridgewater Canal in Castlefield. Wer hätte das vor 100 Jahren gedacht? Das Kanalsystem hat Manchester zum Schauplatz der industriellen Revolution gemacht. Dank der Wasserwege konnten die Fabriken noch effizienter arbeiten. Maschinen ratterten. Die Produktion boomte. Inzwischen ist der Bridgewater Canal ein verträumter Fleck zum Ruhetanken geworden.

ATLAS

Ihr Manchester-Kompass

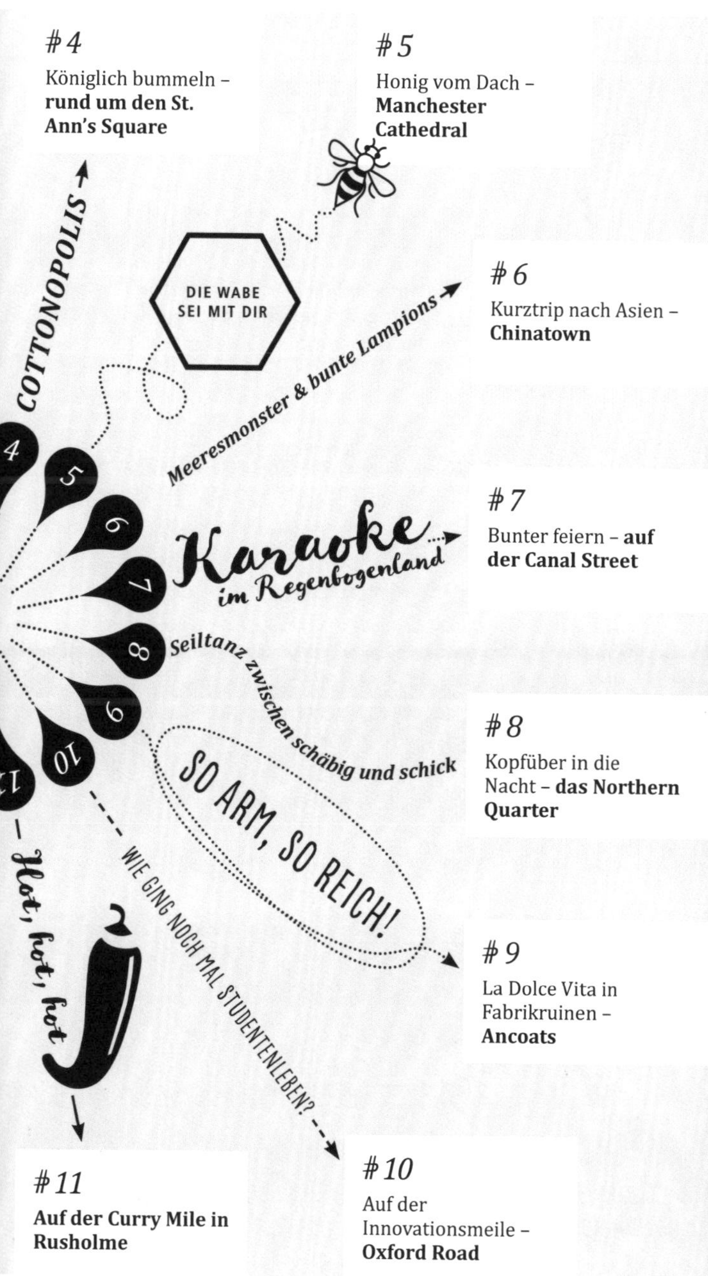
#4
Königlich bummeln – **rund um den St. Ann's Square**
#5
Honig vom Dach – **Manchester Cathedral**
#6
Kurztrip nach Asien – **Chinatown**
#7
Bunter feiern – **auf der Canal Street**
#8
Kopfüber in die Nacht – **das Northern Quarter**
#9
La Dolce Vita in Fabrikruinen – **Ancoats**
#10
Auf der Innovationsmeile – **Oxford Road**
#11
Auf der Curry Mile in Rusholme
COTTONOPOLIS
DIE WABE SEI MIT DIR
Meeresmonster & bunte Lampions
Karaoke im Regenbogenland
Seiltanz zwischen schäbig und schick
SO ARM, SO REICH!
WIE GING NOCH MAL STUDENTENLEBEN?
Hot, hot, hot
4
5
6
7
8
9
10

Treff für Marx und Posh Spice – **der St. Peter's Square**

Rot-braun gekachelt thront eines der geheimen Wahrzeichen Manchesters am St. Peter's Square: das Midland Hotel. Um das Nobelhaus ranken sich mehr Gerüchte, als es Türme hat: Unter anderem soll hier Karl Marx über »Das Kapital« gegrübelt und der ehemalige United-Kicker David Beckham ein Spice Girl verführt haben. Das Midland war auch Zeuge der radikalen Veränderung des St. Peter's Square im vergangenen Jahrhundert. Ein idealer Ausgangspunkt für Ihre Entdeckungsreise.

Die denkmalgeschützte Fassade des Midland Hotel stimmt auf die Grandeur des Inneren ein.

Mit tief-flötendem Ton warnt die einfahrende Tram Fußgänger, die im letzten Moment über die Gleise huschen. In der Central Library steht die Drehtür kaum still und zum Feierabend klackern

Absätze übers Pflaster zwischen den Paulownia-Bäumen. Umtriebig geht's auf dem **St. Peter's Square** 1 zu, Knotenpunkt für Pendler, Studierende und Touristen. Vor 200 Jahren lag hier noch Ackerboden. Und eine Kirche. Das Kreuz zwischen den Tramgleisen zeigt, wo die namensgebende **St. Peter's Church** bis 1907 stand. Im Jahr 1819 erlangte das Areal im Zuge des **Peterloo-Massakers** traurige Bekanntheit: Auf dem Feld neben der Kirche versammelten sich damals an die 60 000 Bürger, um für eine radikale Reform des britischen Unterhauses zu demonstrieren. Beunruhigt von dem Massenauflauf beauftragte der Magistrat das Militär, den Protest aufzulösen. Die Truppen handelten rabiat, töteten 18 Menschen, 700 wurden verletzt.

Beim Bau der 1992 eröffneten Tramstrecke sind die Arbeiter auf **menschliche Knochen** gestoßen. Dabei handelte es sich um Körper, die in einer Gruft in der St. Peter's Church vergraben wurden. Die jahrhundertealten sterblichen Überreste wurden geborgen und auf dem Southern Cemetery bestattet.

Grandhotel mit Gerüchteküche

Ein Vorzeigestück viktorianischer Bauart. Terrakottaroter Klinker und Granit heben es ab vom grauen Beton und den Steinen links und rechts. Dieses Haus sticht heraus. Nicht nur dank seiner Farbe. Seine exzentrisch-verspielte Architektur macht es zum Blickfang am St. Peter's Square. Fenstergiebel sind gebogen, wachen über den Balkonen wie Dutzende Augen. Über dem Entree prangt der Name der Diva in Gold: **Midland Hotel** 1. Sehnsuchtsort, Aushängeschild und geheimes Wahrzeichen der Stadt. Geplant hat es Charles Trubshaw, der in seiner Laufbahn Ende des 19. Jh. vor allem Bahnstationen errichtete. In sein eher einseitiges Portfolio passt das Midland trotzdem, denn es sollte Anfang des 20. Jh. Gäste beherbergen, die über den gegenüberliegenden Bahnhof **Manchester Central Station** reisten. 1903 eröffnet, verzeichnete es laut »Railway News« in den ersten fünf Jahren bereits 70 000 Besucher.

Obwohl die Eisenbahn heute nicht mehr das populärste Transportmittel ist und der Bahnhof inzwischen zum **Manchester Central Convention Complex** 2 umgebaut wurde, scheint die Festung am St. Peter's Square auch nach mehr als 100 Jahren noch beliebt zu sein. Vielleicht liegt es an den dicken Mauern, die jedes Geheimnis zu wahren mögen. Ein paar Anekdoten über seine berühmte Kundschaft sind im vergangenen Jahrhundert dennoch nach außen gedrungen. Da wäre die von Karl Marx, der hier mit seinem Freund Fried-

Wie in vielen englischen Großstädten wurden auch in Manchester zahlreiche historische Gebäude während des Zweiten Weltkriegs von der deutschen Luftwaffe zerstört. Das **Midland Hotel** 1 blieb überraschend unbeschädigt. Englische Historiker haben die Theorie, dass Adolf Hitler eine große Begeisterung für das Gebäude hegte und den Befehl erteilte, es vom Bombenhagel zu verschonen.

Die Mancunians sind stolz auf die aus ihrer Stadt stammende Frauenrechtsaktivistin Emmeline Pankhurst. Selbst ihr Denkmal scheint heute noch zu mahnen: »Frauen, lehnt euch auf!«

rich Engels über den Kommunismus gegrübelt hat. Hartnäckig hält sich auch die Geschichte, dass Charles Rolls und Henry Royce hinter dem roten Klinker an ihrem 1904 gegründeten Unternehmen Rolls-Royce geschmiedet haben sollen. Und in den späten 1990er-Jahren wird der rote Riese Schauplatz des ersten Dates von Starkicker David Beckham und seinem Spice Girl Victoria. Wenn die Queen zu Besuch kam, schlief sie im Midland. Auch bei der Politikelite ist es Übernachtunsort Nummer eins. Es ist eben viel mehr als ein Hotel.

Rebellin in Bronze

»Frauen, lehnt euch auf!« Diesen Titel trägt die lebensgroße **Statue von Emmeline Pankhurst** 3 gegenüber der Central Library am St. Peter's Square. Die in Manchester geborene Aktivistin (1858–1928) ist für viele Frauen in ganz Großbritannien bis heute ein emanzipatorisches Vorbild. Pankhurst wuchs in einer politischen Familie auf und setzte sich bereits mit 14 Jahren für Frauenrechte ein. Mit der sogenannten Suffragetten-Bewegung kämpfte sie jahrzehntelang erbittert für die politische Beteiligung von Frauen. Hungerte, streikte und siegte: Bei den Parlamentswahlen im Jahr 1918 durften Frauen über 30 ihre Stimme abgeben. Premiere im Vereinigten Königreich. Zum 100. Jahrestag dieses gesellschaftsverändernden Erfolgs verewigte die Stadt Manchester ihr Ebenbild auf dem St. Peter's Square in Bronze. Das Bildnis zeigt sie in Aktion: Auf einem Stuhl stehend und mit der rechten Hand nach vorn zeigend scheint sie Passantinnen an ihren Kampfspruch zu erinnern: Lehnt euch auf!

Scones mit Banksy

Vorbei an der **Central Library** (► S. 29) gelangen Sie entlang des Arkadengangs zu einem weiteren Ort der Erinnerung. Der **Manchester Cenotaph** 4 – erbaut 1924 – ist ein Ehrenmal, das der im Ersten und Zweiten Weltkrieg gefallenen britischen Soldaten gedenkt. Zum nationalen Memorial Day am 11. November werden am Obelisk Kränze in Erinnerung an die Opfer niedergelegt. Ziemlich genau 100 Jahre vor dem Bau des Denkmals öffnete schräg gegenüber die **Manchester Art Gallery** 5 an der Mosley Street erstmals ihre gigantischen Türen. Die Galerie besteht aus drei

INFOS/ÖFFNUNGSZEITEN

The Midland Hotel 1: 16 Peter St., www.themidlandhotel.co.uk, DZ ab 206 £
Manchester Art Gallery 4: Mosley St., www.manchesterartgallery.org, Di–So 10–17 Uhr, Eintritt frei

KULINARISCHES FÜR ZWISCHENDRIN

Selbstgemachte Kuchen und herzhafte Snacks bietet das **Gallery Café** 1 in der Manchester Art Gallery an. Selbst wenn Sie sich nicht für Kunst interessieren, ist eine kurze Pause in dem mintgrün gestrichenen Seitenflügel des Museums eine gelungene Auszeit (s. o.). Kaffee-Liebhabern empfehle ich, bei **200 Degrees Coffee** 2 an der Mosley Street zu bestellen. Egal ob durch den Siebträger geflossen oder durch einen Filter getropft – der Kaffee beweist: Die Baristas hier verstehen ihr Handwerk (www.200degs.com, Mo–Fr 7.30–17.30, Sa 9–18, So 10–18 Uhr).

Cityplan D/E 4–6 | Tram: St. Peter's Square

miteinander verbundenen Gebäuden. Zwei davon hat der Architekt Sir Charles Barry geplant, der später mit dem Wiederaufbau der Londoner Houses of Parliament berühmt wurde. Die Sammlung umfasst 25 000 Stücke aus dem Barock bis zur Gegenwart. Darunter Werke englischer Maler wie Thomas Gainsborough, William Turner, Francis Bacon, des Street-Art-Künstlers Banksy und des aus Manchester stammenden Lawrence Stephen Lowry. Außerdem zieht die Galerie mit spannenden Sonderschauen Kunstbegeisterte aus der ganzen Nation an. Der Museumsshop ist ein Muss, die Scones mit Cream und Jam im Galeriecafé eine unerlässliche Essenswürdigkeit.

UM DIE ECKE

Wenn Sie den Tramgleisen stadtauswärts folgen, gelangen Sie zur Elbphilharmonie von Manchester: der **Bridgewater Hall** 6 (Lower Mosley Street). Die abstrakte Architektur und die mehr als 300 Konzerte im Jahr machen die fast 42 Mio. Pfund teuren Baukosten wett. Die Bridgewater Hall ist seit ihrer Errichtung 1996 auch Stammspielstätte des BBC Philharmonic Orchestra. Programm und Karten gibt es unter www.bridgewater-hall.co.uk.

Überblicke sammeln – **am Albert Square**

Legen Sie den Kopf in den Nacken und lassen Sie den Blick an den Dachgiebeln entlangwandern: Stuck, Glas, Klinker, Schiefer, Sandstein. Ein bisschen von allem. Wer den architektonischen Wirrwarr von Manchester verstehen will, der muss nach oben schauen. Besonders gut geht das am Albert Square, dem Rathausplatz. Auch wenn das Zuhause der Stadtregierung noch bis 2024 restauriert wird, gibt's hier einiges zu erkunden.

Manchesters Zentrum ist der **Albert Square** 1. Nicht nur geografisch, auch kulturell gesehen. Der Platz vor der Town Hall ist Gastgeber für jegliche Großveranstaltungen. Egal, ob für das Manchester Food & Drink Festival, das Jazz-Festival, das Manchester International Festival oder den jährlichen, vom deutschen Vorbild inspirierten

Himmelwärts: Town Hall und Albert Memorial bieten am Albert Square gute Aussichten.

Weihnachtsmarkt – der Albert Square verwandelt sich dann zum ideellen Stadtnabel.

Erster!

Kopfsteinpflaster unter den Füßen, oben grüßt der an den Londoner Big Ben erinnernde Uhrturm und unten der Namensgeber aus Marmor: **Prinz Albert** 2. Die steinerne Version des Ehegatten von Queen Victoria steht schon seit 1867 hier. Erst ein Jahr später begannen die Bauarbeiten für die Town Hall. Geschützt wird der Prinz von einem neogotischen Gebilde, das an einen abgesägten Kirchturm erinnert. Neben dem Monarchen finden sich am Albert Square noch vier weitere auf Podesten fixierte Männer: Politiker John Bright, Banker Oliver Heywood, Bischof James Fraser und Premierminister William Gladstone.

Not-OP an der viktorianischen Riesin

Die vier steinernen Herren haben einen guten Ausblick. Vor ihnen erhebt sich die **Town Hall** 3 wie ein viktorianisches Schloss aus dem Boden. Manche nennen das Rathaus das Juwel von Manchester. Gebaut hat es Alfred Waterhouse, der später durch den Entwurf des Natural History Museum in London berühmt wurde. 1863 wird der Bau in Auftrag gegeben, weil das ursprüngliche Rathaus an der King Street aus allen Nähten platzt. 1877 bezieht die Stadtverwaltung ihr neues Domizil am Albert Square. Die Town Hall ist mehr als ein schnödes Zuhause für den städtischen Verwaltungsapparat. Sie ist Erlebnisort. Hochzeiten und offizielle Staatsbesuche werden hier gefeiert.

Und sie ist Sehenswürdigkeit – von außen und innen. Wegen der vielen verspielten, neogotischen Elemente kann man sich kaum an der Fassade sattsehen. Vorsprünge, Erker, Wasserspeier, Rosetten, Spitzbögen finden sich zuhauf. Natürlich ist da zunächst der Uhrturm, der ins Auge springt – 85 m hoch und mit einem Spiel aus 23 Glocken ausgestattet. Er beherbergt auch »Great Abel«, die 8 t schwere Uhrenglocke, benannt nach Abel Heywood, der während der Rathauseröffnung als Bürgermeister regierte.

Ein besonderes, Manchester-spezifisches Detail findet sich auf der Spitze des Uhrturms. Was von hier unten wie eine glänzende Kugel aussieht,

Von den verdenkmalten Herren am Platze war der Banker **Oliver Heywood** am prägendsten für Manchesters Stadtgeschichte. Er stieg Mitte des 19. Jh. in die familieneigene Heywood Bank ein, die in der viktorianischen Ära boomte. Den Umsatz steckte Heywood nicht nur in die eigene Tasche. Er teilte sein Vermögen mit Manchesters Bevölkerung und ermöglichte den Bau des Owens College, des Vorgängers der University of Manchester, sowie die Eröffnung der Manchester Grammar School, der Manchester High School for Girls und der Manchester Technical School. Auch profitierten viele Krankenhäuser in der Stadt von Heywoods Finanzspritze. Zum Dank machte ihn Manchester 1888 zum Ehrenbürger. Vier Jahre vor seinem Tod. Zwei Jahre danach wurde das **Heywood-Denkmal am Albert Square** enthüllt.

Während des insgesamt sechs Jahre langen **Schönheitsschlafs** muss die komplette Stadtverwaltung Manchesters aus dem Town-Hall-Gebäude ausziehen und auf umliegende Büros am Albert und St. Peter's Square ausweichen.

stellt eine Baumwollknospe dar – eine Huldigung an Manchesters textiles Gold.

Mosaikbienen, Kamine aus Alabaster, Gänge voller Marmorbüsten: Die Town Hall ist derart prunkvoll und detailliert ausgestattet, dass der Gang zum Amt einem Museumsbesuch gleichkommt. Alles hier scheint die reichhaltige Geschichte der Stadt zu zelebrieren. Weil das Gebäude für die Öffentlichkeit zugänglich ist – ja, auch ein Café mit Afternoon Tea gibt es hier – wirkt das Ganze sehr volksnah. Leider befindet sich die viktorianische Riesin noch bis 2024 in Sanierungsnarkose. Die Arbeiten sind eine Art Not-OP, da das Gebäude in den vergangenen Jahren beinahe unbenutzbar geworden war. Für horrende 330 Mio. Pfund wird die neogotische Lady von Grund auf restauriert.

Geheimes Kleinod

Kehren Sie der Town Hall den Rücken und machen Sie sich über die Brazennose Street auf in Richtung Deansgate. Noch bevor Sie auf die

INFOS/ÖFFNUNGSZEITEN

Town Hall 3: Albert Square, Mo–Fr 9–17.30 Uhr, wegen Umbauarbeiten bis mind. 2024 geschl., weitere Infos unter www.manchester.gov.uk/townhall

St. Mary's Church (The Hidden Gem) 4: 17 Mulberry St., www.hiddengem.me.uk, Mo–Sa 8–18, So 8–16 Uhr

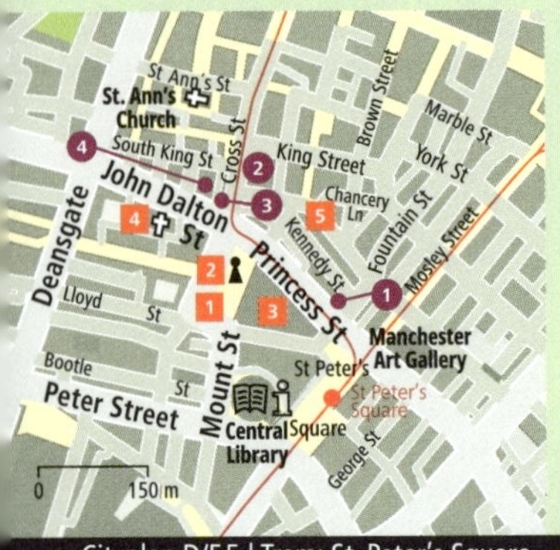

Cityplan D/E 5 | Tram: St. Peter's Square

KULINARISCHES FÜR ZWISCHENDRIN

Einen wahren Rettungsring wirft **Bold Street Coffee** 2 (53 Cross St., www.boldstreetcoffee.co.uk, Mo–Sa 8–18, So 9–17 Uhr,) hungrigen Passanten aus. Spezialität des Cafés sind die *buoys* (im Deutschen: Bojen): Brioche-Brötchen belegt mit herzhaften englischen Frühstücks-Klassikern wie Speck, Würstchen, Ei und *hash browns.* Das Ganze gibt es auch in vegetarischer und veganer Ausführung. Deftig und definitiv very british geht's bei **Wright's Fish & Chip Shop** 3 (86 Cross St., Mo–Fr 11–20, Sa 11–19 Uhr) zu. Wer danach nicht durch die Stadt dösen will, teilt die Portion panierten Kabeljau am besten mit der Begleitung. Im **My Thai** 4 (11 Dalton St., https://manchester-streetstyle.mythairestaurant.co.uk, Mo–Fr 11.30–14.30, 16.30–21.30, Sa 11.30–22.30, So 12–21.30 Uhr) fühlt man sich nicht nur wie in Bangkok auf dem Straßenmarkt. Es schmeckt dort auch so.

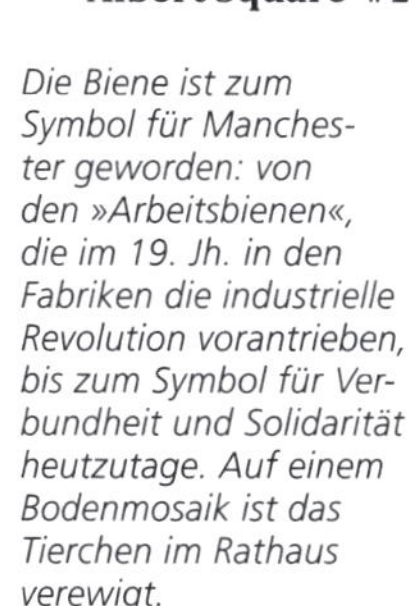
Die Biene ist zum Symbol für Manchester geworden: von den »Arbeitsbienen«, die im 19. Jh. in den Fabriken die industrielle Revolution vorantrieben, bis zum Symbol für Verbundheit und Solidarität heutzutage. Auf einem Bodenmosaik ist das Tierchen im Rathaus verewigt.

Verkehrsachse stoßen, finden Sie rechts eine Sehenswürdigkeit, die selbst viele Mancunians nicht kennen. In die Häuserreihe an der Mulberry Street eingebettet, schlummert das **»Hidden Gem«.** Die **St. Mary's Church** 4 aus dem Jahr 1794 trägt ihren Spitznamen mit Stolz. Bis vor Kurzem noch hat ein Gebäudeblock den Blick auf das katholische Gotteshaus – das erste nach der Reformation erbaute in Manchester – versperrt. Seit dem Abriss ist The Hidden Gem zwar einfacher zu finden. Dennoch: Ein Besuch fühlt sich an, als würde man in eine andere Welt stolpern. Probieren Sie es aus. St. Mary hat jeden Tag geöffnet.

UM DIE ECKE

Links vom Albert Square geht es in die Kennedy Street, eine unscheinbare Gasse, die parallel zur Princess Street verläuft. Hinter Hausnummer 14 verbirgt sich die **Manchester Law Library** 5, die 1885 für die Manchester Law Society errichtet wurde. Das Haus sticht wegen seiner venezianisch-gotischen Architektur heraus und trägt immer noch den in Stein gemeißelten Schriftzug »Manchester Law Library« über dem Eingang. Dabei ist die juristische Büchersammlung 2015 nach Deansgate umgezogen. Hinter der alten Fassade finden sich heute modern eingerichtete Büros. Ein paar Häuser links von der Law Library treffen sich Geschäftsleute aus dem Umkreis auf ein Feierabendbier. Das **City Arms** 1 (46–48 Kennedy St., Mo–Do 12–23, Sa 12–24, So 12–20 Uhr, www.facebook.com/CityArmsManchester) ist ein Pub, wie er im Bilderbuch steht. Klein, verwinkelt, niedrige Decken. Und eine riesige Auswahl an Bier- und Gin-Sorten.

Von John Ryland's bis Portico – **historische Büchertempel**

Manchesters Bibliotheken sind mehr als Orte der Ruhe: Sie sind Büchertempel, Zeitzeuginnen, Kathedralen der Aufklärung. Über das Stadtzentrum verteilt, finden Sie Büchereien aus verschiedenen Epochen.

Auch wenn's schwerfällt: Bitte leise staunen! John Ryland's ist kein Museum – in Nischen und Ecken wird tatsächlich noch gepaukt, gegrübelt, geschrieben.

Beliebtes Fotomotiv

Das dunkle Holz, die ultrahohe Decke, das bunte Fensterglas: Der Lesesaal der **John Ryland's Library** 1 macht Gänsehaut. Wohl weil er so sehr an die Zauberschule Hogwarts erinnert, ist er eines der beliebtesten Fotomotive der Stadt. Schnappen Sie sich am besten einen der ausliegenden Handspiegel und betrachten die Decke darin ganz ohne Nackenstarre. Dann entdecken

Sie schöne Holzschnitzereien an den Balken oder die berühmten Figuren in den Fenstern – im Norden die christlichen, wie Moses, im Süden die weltlichen, wie Aristoteles. Es lohnt, den Spiegel auch mal aus der Hand zu legen und die Augen über die dicht an dicht gedrängten Buchrücken wandern zu lassen. Denn als die Witwe des Fabrikbesitzers John Ryland Ende des 19. Jh. die Sammlung für die zu Ehren ihres Mannes erbaute Bibliothek beorderte, lautete der Auftrag: Hauptsache selten! Zu dem aus ganz Europa zusammengetragenen Bestand zählen etwa eine Gutenberg-Bibel oder eine Papyrusschrift, die die älteste Version des Neuen Testaments sein will.

Wissen für alle

Auch die älteste öffentliche Bücherei Großbritanniens, die **Chetham's Library** 2, ist noch in vollem Betrieb. Bis ins frühe 17. Jh. wohnten im mittelalterlichen Gebäude aus dem Jahr 1421 Priester, in Zeiten des Bürgerkriegs ab 1642 diente das Gemäuer als Gefängnis und Waffenlager. 1653 wurde es mit dem Vermächtnis des reichen Textilhändlers Humphrey Chetham zur Bibliothek umgewandelt. Dessen Wille war es, mit einer frei zugänglichen Bücherei Bildung in Manchester zu demokratisieren. Von diesem Sinn fürs Volk haben sich sicher auch Karl Marx und Friedrich Engels inspirieren lassen, die knapp 200 Jahre später in einem Erker des Lesesaals saßen und statistische Erhebungen zur Arbeiterklasse studierten. Entgegen vieler Behauptungen: »Das Kommunistische Manifest« haben die beiden hier nicht verfasst. Dennoch ist der dunkle Holztisch im Obergeschoss eine Art Pilgerstätte für so manchen Fan.

Ruhige Rotunde

Jedes Räuspern, jeder Stift, der auf den Holztisch abgelegt wird – im Wolfson Reading Room in der **Central Library** 3 hören Sie alles. Für einen Plausch geht's also lieber runter ins Café. Das ist das Schöne an der Zentralbibliothek: Sie ist ein Treffpunkt. Für jeden. Studenten, Geschäftsleute, Rentner, Familien, Touristen und Obdachlose nutzen die Bücherei am lebhaften St. Peter's Square. 2010 hat die Stadtverwaltung das runde Bibliotheksgebäude von 1934 für 40 Mio. Pfund vergrößert, modernisiert und an die Town Hall angeschlossen.

Ulkige Relikte aus der Zeit, als die Priester noch in **Chetham's** 2 wohnten, sind vier **mittelalterliche Katzenklappen.** Jawohl! Die Priester hielten sich Stubentiger. Und zwar nicht zur Bespaßung, sondern zum Schutz. Wegen der Nähe zum Fluss Irwell wimmelte Manchester nur so von Ratten und Mäusen. Die Haustiere passten also darauf auf, dass sich keine Nager in den bescheidenen Gemächern einnisteten.

INFOS/ÖFFNUNGSZEITEN

John Ryland's Library 1: 150 Deansgate, www.library.manchester.ac.uk/rylands, Mi–Sa 10–17 Uhr, Eintritt frei
Chetham's Library 2: Long Millgate, nur mit Führung Mo–Fr 11 und/oder 14 Uhr, Erw. ab 9 £, unter www.library.chethams.com buchen
Central Library 3: St. Peter's Square, www.manchester.gov.uk/centrallibrary Mo–Do 9–20, Fr–Sa 9–17 Uhr, Eintritt frei
Portico Library 4: 57 Mosley St., www.theportico.org.uk, Mo & Fr 9.30–16.30, Di–Mi 9.30–17.30, Do 9.30–20, Sa 11–15 Uhr, Eintritt frei, Eingang an der Charlotte Street.

KULINARISCHES FÜR ZWISCHENDRIN

John Ryland's, Portico und die Central Library bieten jeweils Café, Kuchen und andere Häppchen an.

Cityplan D/E 2–6 | Tram: Exchange Square, Tram: St. Peter's Square

Entstanden sind so ein spannender Kontrast aus Alt und Modern und mehr Räume für die Öffentlichkeit. Im Untergeschoss gibt es nun regelmäßig wechselnde Ausstellungen zur Stadtgeschichte.

Einem Thron gleichen die viktorianischen Toiletten in der **John Ryland's Library** 1. Auch wenn Sie es nicht nötig haben: Statten Sie den WCs im Keller des alten Gebäudes einen Besuch ab. Es sind die schönsten, die Sie in Manchester finden werden.

Geheimtipp überm Zapfhahn

Die **Portico Library** 4 ist was für Eingeweihte. Allein eine blaue Plakette am griechisch inspirierten Sandsteingebäude verrät, dass sich hier über einem Pub ein historisches Juwel versteckt. Während unten Bier gezapft wird, ruht oben eine einzigartige Sammlung von Büchern, Archiven und Illustrationen aus mehr als 200 Jahren. Der Leseraum des 1806 fertiggestellten Baus ist an sich schon eine Augenweide: Er verfügt über eine kunstvoll dekorierte Glaskuppel. Deckenhohe Holzregale und samtbezogene Stühle versetzen in die Zeit, in der die Industrieelite Portico als einen Ort ins Leben rief, wo Literatur und politische Bildung Priorität haben sollten. Zu den berühmten Mitgliedern zählten der Physiker John Dalton und die Schriftstellerin Elizabeth Gaskell. Neben regelmäßigen Ausstellungen gibt es heute täglich Kaffee, Tee und Mittagstisch.

Königlich bummeln – **rund um den St. Ann's Square**

Die schönsten Schaufenster der Stadt locken hierher: Zwischen King Street und New Cathedral Street treffen englische Traditionsmarken auf individuellen Einzelhandel. Dazwischen verführen gemütliche Cafés und feine Restaurants zu einer Auszeit. Und in der viktorianischen Barton Arcade wird das Shoppen zur Nebensache.

Manchesters Haupteinkaufsmeile, die **Market Street,** ist – nett ausgedrückt – nicht unbedingt ein Glanzpunkt der Stadt. Hier und in dem überdachten Shopping-Ungetüm **Arndale** finden Sie zwar bunte Bekleidungsriesen – ein schöneres Bummelerlebnis bieten aber der **St. Ann's Square** 1 und seine Umgebung, keine Frage. Der Platz an der namensgebenden **St. Ann's Church** 2

Schöner Shoppen: In der Barton Arcade werden die Auslagen in den Läden fast zur Nebensache, so schön ist die 150 Jahre alte Mall.

Früher wurden hier Baumwollpreise verhandelt, heute geht es im Royal Exchange Theatre um Kultur. Einen Blick darf man auch außerhalb der Aufführungen hineinwerfen.

zeichnet sich durch schöne Pflasterung, die angrenzenden Boutiquen und viel Ruhe aus. Das war nicht immer so. Im 13. Jh., als Manchester noch ein Dorf ist, nutzen Bauern das ländliche Areal für ihren Viehhandel. Erst im Jahr 1712, mit der Fertigstellung der St.-Ann's-Kirche, wird die Tiermesse zum St. Ann's Square transformiert. An Bedeutung verliert der Platz dadurch nicht. Im Gegenteil: Ab dem frühen 18. Jh. dient er als zentraler Punkt für den florierenden Baumwollhandel. Bis in die späten 1960er-Jahre wird in dem Gebäude direkt am Eingang des St. Ann's Square um den Rohstoff gezockt.

UFO auf dem Börsenparkett

Die ehemalige Börse beherbergt heute das **Royal Exchange Theatre** 1. Wie ein auf dem Parkett gelandetes UFO steht die hypermoderne, runde Bühne in dem quadratischen Saal. An die frühere Nutzung des Gebäudes erinnert die große Tafel, die noch die Kurse vom letzten Handelstag anzeigt. Neu erbaut von 1914 bis 1921 war der Kuppelbau damals bereits das dritte Zuhause der städtischen Baumwollbörse. Im Winter 1940 wurde das Gebäude massiv von den Bomben der Deutschen Luftwaffe beschädigt, schloss aber erst im Jahr 1968. Fünf Jahre lang stand der Royal Exchange leer, bis eine Schauspielgruppe einzog. Offiziell eröffnete das Royal Exchange Theatre im September 1976. 20 Jahre später wurde das Gebäude erneut schwer in Mitleidenschaft gezogen. Durch den Bombenanschlag der nordirischen Terrorgruppe IRA auf die Innenstadt Manchesters im Juni 1996 verschiebt sich die Kuppel – die Reparaturen dauern über zwei Jahre und kosten an die 32 Mio. Pfund. Das Gebäude steht Neugierigen auch außerhalb der Spielzeiten für einen Rundgang offen.

Bei der Wiedereröffnung des **Royal Exchange Theatre** 1 im November 1998 zeigte das Ensemble Stanley Houghtons »Hindle Wakes«, was an jenem Tag, als die IRA-Bombe explodierte auf dem Programm stand.

Einmal Seiten stutzen in der Barton Arcade

Bummeln geht kaum schöner als in der **Barton Arcade** 1. Die gut 150 Jahre alte Galerie zwischen St. Ann's Square und Deansgate ist ein Schmuckstück viktorianischer Baukunst. Die vierstöckige, schmiedeeiserne Mall ist allein schon wegen ihrer Architektur mehr Sehenswürdigkeit als Shopping-Gelegenheit. Die geschwungenen

Balkone und die hohe Glaskuppel machen sie zu einem besonders fotogenen Fleck Manchesters. Hinzu kommt, dass hier ein interessanter Mix aus Einzelhandel und Gastronomie aufeinandertrifft. Da wäre zum Beispiel ein Barber-Shop, der aus der Erbauungszeit der Galerie zu stammen scheint: Die Mitarbeiter von **Barber Barber** tragen Hosenträger, Kunden rot-weiß gestreifte Salonschürzen. Schräg gegenüber serviert **Pot Kettle Black** (▶ S. 91) vom Frühstück – hier gibt's wirklich leckeres English Breakfast – über Brunch bis hin zum Kuchen mit bestem Blick auf das Treiben im Einkaufszentrum. Im **R-Shop** finden Männer und Frauen lässige Schuhe und bei **Classic Football Shirts** ergattert selbst so mancher Profi-Kicker sammelwürdige Trikots.

Wo der Kunde King ist

Willkommen auf der schönsten Straße Manchesters, willkommen auf der **King Street** 2. Natürlich ist das ein rein subjektives Urteil. Doch nirgends in der Stadt finden sich – dicht an dicht – so viele gut erhaltene historische Townhouses, gefüllt mit edlen Boutiquen und Restaurants. Eine Mischung,

INFOS/ÖFFNUNGSZEITEN

St. Ann's Church 2: St. Ann's St., www.stannsmanchester.com, Di–Fr 11–17, Sa bis 18, So 8.30–18 Uhr, Eintritt frei

Royal Exchange Theatre 1: St. Ann's Square, www.royalexchange.co.uk, Mo–Sa 9.30–24 Uhr, Zutritt ins Gebäude frei, geführte Touren ab 5 £

Barton Arcade 1: 48 Barton Square, www.barton-arcade.co.uk, tgl. 10–18 Uhr

Gotham Hotel 1: 100 King St., www.hotelgotham.co.uk, DZ ab 135 £

KULINARISCHES FÜR ZWISCHENDRIN

Einmal schwarzer Kater: **El Gato Negro** 1 (52 King St., www.elgatonegrotapas.com, Mo–Sa 12–22, So 12–21.30 Uhr) tischt spanische Vorspeisen auf. Wie zu Gast im Palast fühlen Sie sich im **Grand Pacific** 2 (50 Spring Gardens, https://grandpacific.uk.com, So–Do 12–24, Fr–Sa 12–2 Uhr). Das Restaurant im Kolonialstil ist für seinen hervorragenden Hight Tea – die edle Version des Afternoon Tea – bekannt. Ab 23 £ pro Person.

Cityplan D/E 4/5 | Tram: Exchange Square

Ort des Gedenkens: Am **St. Ann's Square** 1 kamen die Mancunians wenige Tage nach dem erschütternden Bombenanschlag auf ein Konzert in der Manchester Arena im Mai 2017 zusammen.

die zum Bummeln, Einkehren und Schlendern verführt. Der untere Teil der King Street, auf den Sie am leichtesten durch eine Passage hinter der St. Ann's Church treffen, ist verkehrsberuhigt, wirkt dadurch beinahe dörflich. Attraktiv für einen Spaziergang. Findet auch Manchesters Schickeria. Die shoppt hier zum Beispiel handgemachte Herrenschuhe bei **Loake Shoemakers** (Nr. 31), teure Bettwäsche bei **The White Company** (Nr. 21–23), oder Luxusseife bei **Neal's Yard** (Nr. 27). Für eine Erfrischung für zwischendurch geht's zu **El Gato Negro** 1, die köstliche Tapas und Cocktails zubereiten. Ein echter Geheimtipp ist die Dachterrasse, von der sich ein Ausblick auf das dicht bebaute Stadtzentrum bietet.

Am oberen Abschnitt der King Street ist u. a. das **Gotham Hotel** 1 sehenswert, dessen Bauweise an den Batman-Tower erinnert. Das Interieur lässt sich am besten mit schrägem Prunk beschreiben. Die super-luxuriös eingerichteten Suiten sind ab 400 £ für eine Nacht zu haben. Sie wollen mal schmecken, wie die britische Upperclass lebt? Dann reservieren Sie einen Tisch im **Grand Pacific** 2 zum Afternoon Tea. Süße und herzhafte Happen kredenzt man hier zu Prosecco und Kolonialstilambiente. Dekadent, aber so lecker!

UM DIE ECKE

Im Schatten der alten St. Ann liegt ein Pub, das bereits vor ihr da war: Mr. Thomas's Chop House, Verzeihung – **Mrs. Sarah's Chop House** 3 von 1867. Die Geschlechtsumwandlung ist noch ganz frisch – erst 2019 haben die Betreiber das Lokal umgetauft. Aus historischer Korrektheit. Zwar eröffnet vor mehr als 150 Jahren ein gewisser Thomas Studd das Chop House, der wird aber nur wenig später zu krank, um den Laden zu führen. Also springt seine Frau Sarah ein und schmeißt die Theke plus separaten Speisesaal. Absolute Ausnahme für damalige Verhältnisse. Abseits dieser sensationellen Familiengeschichte rühmt sich das Chop House heute mit ganz traditionellem Pub-Gefühl gleich neben der Kirche und gutbürgerlicher Küche (52 Cross St., www.tomschophouse.com, Mo–Do 12–23, Fr–Sa 12–24, So 12–20.30 Uhr).

Honig vom Dach – **Manchester Cathedral**

Bienen sind in Manchester allgegenwärtig. Mit ihnen identifizierte sich schon die Arbeiterklasse während der industriellen Revolution. Seit Mai 2017 ist das Stadttier zudem ein Zeichen des Zusammenhalts. Nach dem Attentat auf die Manchester Arena wird die Biene zum Symbol der Erinnerung an die 22 Opfer. Und erscheint an Bussen, Autos, Hauswänden, als Tattoo auf Unterarmen. Auch in der Manchester Cathedral wird sie zelebriert. Symbolisch und in echt.

Über eine schmale Wendeltreppe gelangt Adrian Rhodes auf das Dach der **Manchester Cathedral** 1 zu seinen Arbeiterinnen. Sie leben hier, schwärmen täglich zur Nektarsuche aus, bestäuben die umliegenden Blüten, produzieren

Auch im vor wenigen Jahren erst geschaffenen »Hope Window« in der Kathedrale ist die Biene als Symbol Manchesters präsent.

INFOS/ÖFFNUNGSZEITEN

Manchester Cathedral 1: Victoria St., Mo–Sa 9.30–16, So 12–16 Uhr, Programm mit Gottesdiensten, Gin-Proben, Flohmärkten unter www.manchester cathedral.org

Visitor Centre: 10 Cateaton St., Mo–Fr 9.30–17, Sa–So 9–17 Uhr

Cityplan E 2/3 | Tram: Exchange Square | Bahnstation Victoria Station

süßen Nektar. Rhodes ist pensionierter Pfarrer und unter dem inoffiziellen Titel »Canon Apiarist« – der Bienen-Kanoniker – als Vollzeitimker in der Kathedrale zugange. Er und ein Team aus Ehrenamtlichen pflegen die auf dem Kirchendach angesiedelten Völker mit Hingabe, leeren Waben, füllen Honiggläser. »Wir wollen der Natur etwas zurückgeben«, erklärt er.

Geboren wird die Idee zum himmlischen Honig im Jahr 2011, als eines von Rhodes privaten Bienenvölkern aus seinem heimischen Garten umgesiedelt werden muss. Nach Absprache mit dem Dekan der Manchester Cathedral steht das neue Zuhause auf dem Dach des Sakralbaus fest. Mittlerweile leben hier eine halbe Million Tierchen in insgesamt neun Kolonien. Die rechteckigen Bienen-Wohnblocks auf dem Vorsprung über dem Haupteingang können Neugierige von außen erspähen. Für alle, die noch auf der Suche nach einem einfallsreichen Mitbringsel sind: Im **Café 1881** 1 gleich gegenüber vom Haupteingang des spätgotischen Gotteshauses können Sie ein Glas »Heavenly Honey« für 7,50 £ mitnehmen.

Am Shambles Square fühlt man sich ins Mittelalter zurückversetzt: In den alten Pubs hier kann man innen historische Atmosphäre, draußen im Biergarten die Fachwerkansicht genießen.

Bienenstock unterm Altar

Manchesters Maskottchen, die Biene, findet sich nicht nur auf, sondern auch in der Kathedrale. Im zweiten Fenster an der Ostseite etwa hat der Künstler Alan Davies eine Biene in seine Glaskunst integriert. Unter dem modernen Altar gleich am Eingang ist am vorderen rechten Bein ein kleiner Bienenstock angebracht. Und auch die Chorstände sind mit Insekten verziert. Insgesamt 22 Honigbienchen, eins für jedes Opfer des Terroranschlags von 2017, schmücken die Fronten der ersten Sängerreihe. Bunte Fenster an Ost- und Westseite, detailliert geschnitzte Holzbänke im Chorraum, verspielte Steinmetzarbeiten am Deckengewölbe machen die Manchester Cathedral zu einem spätgotischen Meisterwerk, in dessen Architektur sich auch ältere Referenzen zur Stadtgeschichte widerspiegeln. Rot-orange leuchtend erinnert das 1966 installierte Feuerfenster der Künstlerin Margaret Traherne im nordöstlichen Teil des Schiffs etwa an die Bombennächte von 1940, in denen deutsche Truppen die Kapelle der Kathedrale zerstörten. 30 Jahre später zündete die IRA eine Lkw-Bombe außerhalb des Arndale. Mehr als 200 Menschen wurden verletzt. Die Detonation richtete außerdem großen Schaden an den umliegenden Gebäuden an. So auch an der Manchester Cathedral.

Relikte aus dem Mittelalter

Die Kathedrale bildet den Kern des sogenannten Mittelalterviertels, das sich zwischen der Victoria Station und dem Exchange Square erstreckt. Das Schiff aus Sandstein entstand 1421 als Stiftskirche eines Priesterkollegs. Nach der Reformation wurde sie zur anglikanischen Pfarrkirche Manchesters und Mitte des 19. Jh. schließlich zur Kathedrale der Diözese Manchester erhoben. Daran lässt sich die rasante Entwicklung der Stadt ablesen, die im 19. Jh. durch die Industrialisierung massiv an nationaler und internationaler Bedeutung gewann und rapide wuchs.

UM DIE ECKE

Noch ein Überbleibsel aus dem Mittelalter sind zwei benachbarte Kneipen, **The Old Wellington** ❷ (► S. 106) und **Sinclair's Oyster Bar** ❸. Sie stammen aus dem Jahr 1552 und es wirkt, als stünden sie schon immer hier und die Welt um sie herum habe sich einfach weiterentwickelt. Aber: weit gefehlt. Die historischen Pubs wurden einst 300 m südlich errichtet und erst im Jahr 1999 an ihren heutigen Standort, den Shambles Square, umgesiedelt. Der Biergarten, den sich die beiden Lokale teilen, ist ideal; um Leute zu beobachten oder mit anderen Gästen ins Gespräch zu kommen. Mein Tipp: Auch wenn Sinclair's Oyster Bar günstigeres Bier anbietet – das Old Wellington hat mehr Flair und ist kaum an Gemütlichkeit zu überbieten.

Als die Kathedrale im 15. Jh. entstand, war Manchester nicht mehr als ein Dorf. Deshalb lässt sich das **Mittelalterviertel** im Prinzip auf zwei Gebäude herunterbrechen: die Kathedrale und die Chetham's Library (► S. 29). Wenn man ein bisschen weiterstöbert, tut sich rund um diese beiden Hauptakteure noch das ein oder andere mittelalterliche Relikt auf. Etwa die **Hängebrücke,** die unter dem Besucherzentrum der Kathedrale freigelegt wurde. Sie wurde schätzungsweise zur gleichen Zeit wie das Gotteshaus errichtet und bildete den Übergang zwischen den Flüssen Irk und Irwell. Im 17. Jh. verkam das Areal um die Hängebrücke zum offenen Kanalsystem und verschwand dann unter Häusern begraben für die nächsten Jahrhunderte von der Bildfläche. Seit 2002 können Geschichtsfans das historische Bauwerk im Keller des **Besucherzentrums** der Kathedrale (im gleichen Gebäude wie das Café gegenüber) begutachten.

Kurztrip nach Asien – **Chinatown**

Zwischen Portland und Mosley Street schrumpft ein Kontinent auf ein paar Straßenzüge: In Chinatown reihen sich thailändische Imbisse an vietnamesische Restaurants und chinesische Supermärkte an japanische Karaoke-Bars. Das zweitgrößte Chinatown im Vereinigten Königreich ist ganz wie seine große Schwester in London ein Schmelztiegel für unterschiedliche Kulturen und Küchen aus Asien.

Nicht nur zur Feier des chinesischen Neujahrsfests ein Anziehungspunkt: der Paifang in Manchesters Chinatown.

Im Zentrum der Stadt wird es plötzlich bunt. Lampions baumeln zwischen den Häusern, Schriftzüge leuchten von den Wänden. Und auf der **Faulkner Street** erhebt sich ein majestätischer Torbogen aus dem grauen Asphalt – goldverziert und grün und blau und rot bemalt. Der soge-

GUCKEN & SHOPPEN

Wing Fat Supermarket 1: 49 Faulkner St., www.wingfat.co.uk, tgl. 9.30–19 Uhr

Manchester Seafood 2: 50 Faulkner St., tgl. 10–20 Uhr

GUCKEN & ESSEN

Yuzu 1: 39 Faulkner St., www.yuzumanchester.co.uk, Di–Sa 12–14, 17.30–22 Uhr.

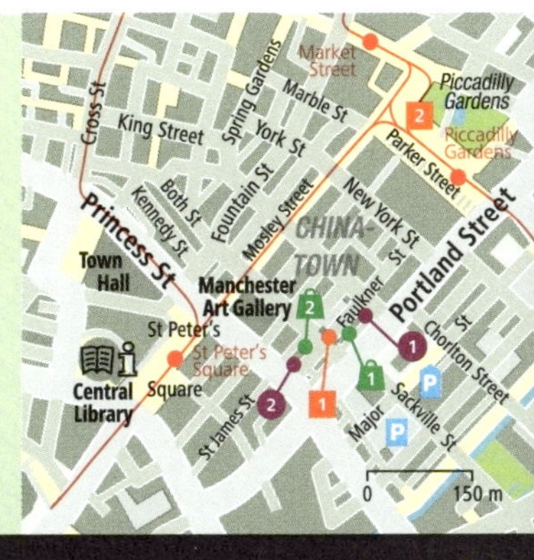

Cityplan F/G 4–6 | Tram: St. Peter's Square

nannte **Paifang 1** ist der größte außerhalb der chinesischen Landesgrenzen und bildet seit 1987 den offiziellen Eingang zu Manchesters Chinatown. In den schmalen Altbauten haben sich im Erd- und Obergeschoss, ja sogar im Keller, Gastronomie, Service und Einzelhandel aus Fernost etabliert. Schriftzeichen zeigen, wer wo was anbietet oder verkauft. Zumindest dem, der sie entziffern kann. Es macht Spaß, sich in diesem Mikrokosmos treiben zu lassen und einen Einblick in eine ganz andere Kultur zu gewinnen.

Der Paifang wurde 1986 in China erbaut und in drei Containern nach Manchester verschifft.

Meeresmonster im Untergeschoss

Am besten geht das, wie überall, durchs Essen. Erster Stopp: der Supermarkt **Wing Fat 1**. Obskure Gemüsesorten, grell-verpackte Suppennudeln und leuchtend-bunte Naschregale sind eine Augenweide. Noch interessanter ist es, den Stammkunden bei ihrem routinierten Bummel durch die schmalen Gänge zuzuschauen. Einem Ausflug ins Aquarium gleicht ein Besuch bei **Manchester Seafood 2**. Dieser Fachhandel für Meeresgetier verkauft alles, was Fühler, Scheren und Flossen hat. Und zwar lebendig. Krebse, Fische, Muscheln, Seeschnecken schwimmen hinter den Glasscheiben.

Über dieses frische Angebot freuen sich die umliegenden Lokale. Zum Beispiel das japanische Restaurant **Yuzu 1**, das wegen seiner traditionellen landestypischen Küche beliebt ist. Sushi sucht man hier auf der Karte vergeblich. Eine Kultadresse für chinesisches Essen ist das **Happy**

Exakt auf das Areal zwischen Mosely und Portland Street eingrenzen lässt sich das Chinatown übrigens nicht. Auch an der Oxford Road finden sich noch so manche asiatische Spuren. Bei der dortigen Filiale der Drogerie-Kette Boots beispielsweise sind die Gänge sowohl auf Englisch als auch mit chinesischen Schriftzeichen ausgeschildert.

An der George Street 55 verbirgt sich Manchesters wohl bestgehütetes Geheimnis. Was nach einem Stromhäuschen in einem Hinterhof aussieht, ist in Wahrheit der Eingang zu einem **Atomschutzbunker.** Ein Überbleibsel aus der Zeit des Kalten Krieges, das hier in Chinatown 30 m unter der Erde liegt. Das geheime Projekt ist Mitte der 1950er-Jahre – auf dem Höhepunkt des atomaren Wettrüstens zwischen Ost- und Westmächten – gebaut worden. Die Tunnel verlaufen unter Manchesters Straßen bis nach Salford und werden heute von der britischen Telekom für ihre Telefonkabel genutzt.

Seasons 2 (► S. 96). An Wochenenden bilden sich schon mal lange Schlangen vor dem Eingang. Wer die Spezialität des Hauses, gegrillten Schweinebauch, probieren will, sollte vor dem Massenandrang da sein.

Vertrautes in der Ferne

Im frühen 20. Jh. kommen die ersten Einwanderer aus Fernost nach Manchester. Die Zahlen steigen zunächst langsam, erst in den 1940er-Jahren entwickelt sich hier eine chinesische Community. 1948 eröffnet das erste chinesische Restaurant namens Ping Hong an der Mosley Street. Die Grundsteinlegung fürs Chinatown. In den folgenden Jahren machen 16 weitere chinesische Lokale auf. Nach Schätzungen leben heute etwa 30 000 chinesische Bürgerinnen und Bürger hier. Inklusive der vielen jungen Menschen, die zum Studieren nach Manchester kommen. Sie finden in Chinatown ein Stück Vertrautheit weit weg von Zuhause.

Das Viertel ist aber nicht nur bei Einwanderern, sondern auch bei Mancunians beliebt. Das zeigt sich besonders am chinesischen Neujahrsfest, das auf den Neumond zwischen 21. Januar und 21. Februar fällt. Zu diesem Anlass wird die Innenstadt mit roten Lampions geschmückt und Chinatown der Nabel Manchesters. Es gibt Feuerwerk und Drachentänze, um böse Geister zu vertreiben. Im Anschluss sehen sich Tausende die schillernde Parade an, die durchs Zentrum zieht.

UM DIE ECKE

Piccadilly Gardens 2 ist Park, Treffpunkt, Tram- und Bushaltestelle. Wo Chinatown, Northern Quarter und die Einkaufsmeile Market Street aufeinandertreffen, herrscht wildes Gewusel. Berufspendler hechten zur Bahn, Obdachlose betteln um ein paar Münzen, Bummler tragen schwere Tüten nach Hause. Die ›Gärten‹ wurden Anfang der 2000er-Jahre umgebaut, mit einer schulterhohen Betonmauer eingegrenzt. Letztere ist laut Kritikern ein idealer Sichtschutz für die sich hier abspielenden Drogengeschäfte. Dennoch: Piccadilly Gardens gibt einen spannenden Einblick in Manchesters skurril-gemischte Gesellschaft.

Bunter feiern – **auf der Canal Street**

Für die lokale Schwulen- und Lesbenszene ist die Canal Street mehr als eine mit Cocktailbars, Pubs und Clubs gesäumte Gasse: Sie ist Institution, Pilgerstätte, Entfaltungsort. Im Zentrum des Gay Village herrscht nicht nur auf der jährlichen »Pride«-Party bunter Ausnahmezustand. Travestieshows und Karaoke gibt's hier rund ums Jahr.

Die **Canal Street** 1 ist einer dieser Orte, die nur bei Nacht so richtig wirken. Wenn die schummrigen Lichter die Straße erhellen und sich der Alltag in der Dunkelheit verkriecht, zeigt sich der Charme dieser wuselig-glitzernden Partymeile. Gruppen von Männern und Frauen ziehen von Bar zu Bar. Karaoke ruft die Mutigen ans Mikrofon, Fish & Chips die Beschwipsten zur Vernunft. Egal, ob schwul, lesbisch, queer oder hetero: Sexualität ist Nebensache. Alle, die feiern wollen,

Schriftzug und Flaggen lassen keinen Zweifel: willkommen im Gay Village!

Die Regenbogenfarben stehen auch der Manchester Bee hervorragend – nicht umsonst ist sie ein Symbol für Zusammenhalt und Solidarität.

Wenn Sie durch die Tür der **Richmond Tea Rooms** ❶ (► S. 96) treten, können auch Sie in die verrückte Welt von Hutmacher, Grinsekatze und Co. eintauchen – beim **Afternoon Tea im Wunderland.** Und weil wir ja immer noch im Gay Village sind, gibt es den mit einer Prise Regenbogen. Bei der beliebten **Mad Hatters Tea Party** verwandelt sich das Café einmal im Monat zum Kabarett – Dragshow und kleiner Afternoon Tea sind im Ticketpreis von circa 30 £ inklusive.

können im **Gay Village** – zwischen **Portland** und **Whitworth Street** – eine richtig gute Zeit haben.

Mit bunten Wimpeln, Plakaten und Wandgemälden präsentiert sich Manchesters Schwulen- und Lesbenszene heute stolz. Dabei ist es keine 30 Jahre her, dass sich die Homo-Community noch heimlich am Rochdale-Kanal traf. Aus Angst vor Entdeckung und Diskriminierung. Ohne Regenbogenfahnen, ohne große Fenster. Niemand sollte sehen, wer in den Bars und Pubs ein- und ausging. Erst in den 1990er-Jahren öffnete sich die Szene. Im folgenden Jahrzehnt feierte die Canal Street ihre Hochphase. Katalysator für die wachsende Beliebtheit des Gay Village war die TV-Serie »Queer as Folk«, die vor der Kulisse der Canal Street von den Erlebnissen dreier schwuler Männer erzählt. Heute ist Manchesters Schwulenviertel ein auch bei Heteros beliebter Ort zum Ausgehen und wird an Wochenenden von Junggesellen und ihren weiblichen Gegenstücken belagert. Das passt nicht jedem. Manche reden sogar von der Gentrifizierung des Gay Village und sehen es der LGBTQI+-Gemeinschaft entgleiten.

Drag-Queens und Regenbogen-Ikonen

Doch davon profitieren eben auch viele. Bar- und Clubbesitzer zum Beispiel. Die locken mit Drag-Shows ein breiteres Publikum an die Canal Street. In der **Bar Pop** ❶ oder in **Belinda Scandal's Sky Lounge** ❷ zeigen Travestie-Größen mehrmals die Woche, wie frivoles Kabarett funktioniert.

INFOS/ÖFFNUNGSZEITEN

Bar Pop 1: 10 Canal St., www.barpop.co.uk, Mo–Mi 14–3, Do 14–3.30, Fr 14–4, Sa 12–5, So 12–3.30 Uhr
Belinda Scandal's Sky Lounge 2: Zugang über On Bar, 46 Canal St., www.onbar.co.uk, Mo–Di 14–1, Mi–Do, So 12–1, Fr 12–3, Sa 12–4 Uhr

KULINARISCHES FÜR ZWISCHENDURCH

Der Gebäudekomplex **Kampus** 5 auf der anderen Seite des Kanals, mit seiner brutalistisch inspirierten Bauweise und dem tropisch bepflanzten Innenhof, eignet sich als idealer Zwischenstopp für Snacks und Getränke: Pizza »by the sclice« wie in New York gibt es bei **Nell's** (www.nellspizza.co.uk, Mo–Fr 12–24, Sa 12–1 Uhr) im Erdgeschoss. Wen der Kohldampf plagt, bestellt gleich ein ganzes Wagenrad und genießt es samt Getränk in hippem Bar-Ambiente. Neben Nell's Pizza residiert hier auch die zweite Filiale der berühmten **Pollen Bakery** – bekannt für ihr unvergleichliches Brot und die krossen Croissants (www.pollenbakery.com, Mi–Fr 7–17, Sa–So 8.30–17 Uhr). Außerdem schenkt die aus Manchester stammende Brauerei **Cloudwater Brew Co** (www.cloudwaterbrew.co) hier aus. Bei gutem Wetter holt man sich am besten was auf die Hand und genießt auf einer der Bierbänke den Blick auf den Kanal.

Cityplan G/H 5–7 | Tram/Bahnstation: Piccadilly

Die Darstellerinnen sind weit mehr als Männer in Perücken und High Heels. Travestie wird hier als Kunst gefeiert, die beim Make-up anfängt und bei der Präsentation noch lange nicht aufhört. So gibt es unter den lokalen Drag-Diven richtige Superstars wie Cheddar Gorgeous oder Liquorice Black, deren glitzernd-provokante Looks Tausende Fans auf Instagram in ihren Bann ziehen. Hier zeigt sich mal wieder die Offenheit der Stadt, die in ihrer Geschichte verankert ist.

In der parallel zur Canal Street verlaufenden **Richmond Street** verewigt ein haushohes Graffiti fünf Legenden aus Manchesters LGBTQI+-Szene. Das **Mural** 2 am Pub Molly House zeigt die Dragqueens Anna Phylatic und Foo Foo Lammar, Feministin Emmeline Pankhurst, den exzentrischen und bekennend schwulen Autor Quentin Crisp sowie den Mathematiker Alan Turing. Letzterem hat der City Council im Sackville Park zwischen Canal und Whitworth Street ein **Denkmal** gesetzt.

Im September 2009 bedauerte die Regierung unter dem damaligen Premierminister Gordon Brown erstmals offiziell die Strafverfolgung des Mathematikers Alan Turing. Der *Royal Pardon* (königliche Begnadigung) durch Queen Elizabeth II. folgte erst im Jahr 2013.

Mit Schlips, Anzug und Apfel

Sackville Gardens 3 ist ein Fleck Grün, der das Gay Village und die Unigebäude an der Whitworth Street verbindet. Bei gutem Wetter strömen Passanten und Studierende hierher, um sich auf einer der Parkbänke eine Auszeit zu gönnen. Egal ob Regen oder Sonnenschein: Alan Turing sitzt immer hier. Mit Schlips, Anzug und einem Apfel in der Hand. Der Mann aus Bronze könnte die beiden angrenzenden Stadtteile nicht besser miteinander verbinden. Turing entwickelte an der University of Manchester Anfang des 20. Jh. bahnbrechende Theorien zu künstlicher Intelligenz. Er arbeitete außerdem mit der britischen Regierung während des Zweiten Weltkriegs an der Entschlüsselung deutscher Funksprüche. Turing war aber nicht nur Informatikgenie. In der Schwulenszene gilt er als tragischer Held. 1952 outete sich Turing als homosexuell – eine kriminelle Handlung im prüden Nachkriegsengland. Zur Strafe musste sich der damals 39-Jährige einer chemischen Kastration unterziehen, zwei Jahre später nahm er sich das Leben. Die **Statue** in Sackville Gardens ist also nicht nur als eine Würdigung seiner Arbeit zu verstehen. Sie ist auch eine Art in Bronze gegossene Anteilnahme, die die Stadt Manchester zu Turings Geburtstag am 23. Juni im Jahr 2001 hat errichten lassen.

Ein rührendes Denkmal erinnert heute in den Sackville Gardens an Alan Turing: Der geniale Wissenschaftler zerbrach an der Homofeindlichkeit der prüden britischen Nachkriegsgesellschaft und fand ein tragisches Ende.

UM DIE ECKE

Verlaufen Sie sich ruhig etwas rund um die **Whitworth Street** 4. Das Areal südöstlich der Sackville Gardens setzt sich aus kolossalen, denkmalgeschützten Gebäuden aus dem 19. und 20. Jh. zusammen. Die Steinriesen im edwardianischen und viktorianischen Stil sind Überbleibsel der industriellen Hochzeit. Als die Stoffproduktion boomte, dienten sie als Lagerhäuser fürs textile Gold, die Baumwolle. In Ancoats wurde produziert, an der Whitworth Street das Geschäft abgewickelt. Und weil der erste Eindruck zählt, hat man die Warenhäuser dementsprechend prunkvoll geschmückt und ihnen koloniale Namen wie Bombay House oder India House gegeben. Heute sind die Ex-Lagerhallen meist Apartments. Nicht gerade billig, hier zu wohnen. Aber für das Stückchen Stadtgeschichte in den Mauern zahlen manche Mancunians gern obendrauf.

Kopfüber in die Szene – **Northern Quarter**

Hier braut sich die Essenz der Stadt zusammen. Ein Cocktail aus kleinen Konzertbühnen, skurrilen Geschäften, verrucht anmutenden Bars und hippen Graffiti, der in der Nacht wie am Tag schmeckt. Dabei meistert das Northern Quarter den Seiltanz zwischen schäbig und schick. Vereinzelte heruntergekommene Fassaden sind mitunter die letzten Zeitzeuginnen einer Ära, in der diese Ecke sozialer Brennpunkt war. Die spannende Mischung aus kaputt und cool macht das Northern Quarter heute zum originellsten Stadtteil Manchesters.

In diesem Szeneviertel können Sie sich einen ganzen Tag lang wunderbar treiben lassen, ohne sich

Wer Graffiti und großformatige Murals liebt, kommt im Northern Quarter garantiert auf seine Kosten.

Cityplan G–J 2–4 | Tram: Piccadilly Gardens

STÖBERN

Afflecks 1: ► S. 102

KULINARISCHES FÜR ZWISCHENDRIN

Wach- und Starkmacher serviert am Wochenende das **Café Fig & Sparrow** 2 (20 Oldham St., https://figandsparrow.online, Sa–So 11–17 Uhr). Shakshuka, pochiertes Ei, Avocadobrot: Bei **Another Heart to Feed** 3 (10 Hilton St., www.anotherhearttofeed.co.uk, Mo–Do 8–24, Fr 8–1, Sa 9–1, So 9–12 Uhr) bruncht man wie ein Profi. Und das jeden Tag bis 16 Uhr. Am Stevenson Square gelegen – sozusagen im Herzen des Northern Quarter – auch der ideale Ort, um die bunte Passanten-Mischung zu beobachten.

zu langweilen. Versprochen. Allein die hiesige Gastronomie macht es spannend. Das fängt bei der ersten Mahlzeit des Tages an: Da wäre zum Beispiel der Kulttreff **Koffee Pot** 1 (► S. 91). Egal ob schon oder noch wach – hier gibt's deftiges Frühstück bis zum frühen Abend. Legendär ist das Northern Quarter Breakfast, das hier noch bis vor Kurzem auf der Karte stand: eine Zigarette und ein Schnapsglas voll Wodka. Weniger Rock'n'Roll, dafür gesünder mit Granola, frisch gebackenen Kuchen und Edel-Bohnengetränken wird's im **Café Fig & Sparrow** 2 an der Oldham Street.

Inbegriff der Indie-Kultur

Die **Oldham Street** ist das Rückgrat des Northern Quarter. Von Piccadilly Gardens bis zur Ringstraße Great Ancoats reichend, bestehen ihre Wirbel aus Cafés, Bars, Plattenläden, Vintage-Mode, Fetischkleidung und Künstlerbedarf. 500 m Indie-Kultur. Eine Festung des Andersseins ist das **Afflecks** 1: Auf vier Stockwerken sammeln sich in dem Kaufhaus, das lauter Einzelhändler vereint, gebrauchte, neue, kitschige oder esoterische Kuriositäten. Neben Kristallsteinen, Tarotkarten, Körperschmuck und Räucherstäbchen gibt es hier auch wirklich kreative Mitbringsel wie Zeichnungen, Prints und T-Shirts von Manchester und seiner reichen Popkultur.

Alles, worauf die Mancunians so stolz sind, findet sich in **Mosaiken** auf der Rückseite dieses wunderlichen Palasts. Bunte Steinsplitter zeigen an der

War das ein Sonnenstrahl? Die Briten sind wettertechnisch bekanntermaßen hart im Nehmen, doch wenn die Sonne lacht, gibt es kein Halten mehr und die Straßencafés füllen sich in Windeseile.

Tib Street die bedeutendsten Töchter und Söhne der Stadt: Frauenrechtlerin Emmeline Pankhurst, Brit-Pop-Helden wie The Smiths, The Stone Roses und Oasis sowie die größten Fußballlegenden der rivalisierenden Clubs City und United.

Sozialkritische Straßengalerie

Das Northern Quarter ist bunt. Überall klebt Farbe an der Wand: Schriftzüge, Cartoons, Tiere, Gesichter. Manche Motive sind bloß Schmierereien, andere sind Werke mit Tiefgang, geschaffen von internationalen Graffiti-Größen. Mit dem Street-Art-Festival »Cities of Hope« im Jahr 2016 hat sich das Viertel in eine Open-Air-Galerie verwandelt – Künstler aus der ganzen Welt haben sich damals auf Klinker und Beton verewigt.

Etwa an der Oak Street. Von dort sehen Sie über einen Hinterhof hinweg die kolossale Arbeit **»War impact on children's lives«** 1 der argentinischen Künstlerin **Hyuro,** die einen an ein Maschinengewehr gefesselten Jungen zeigt. Um die Ecke, an der Cable Street, hat ein Deutscher mit dem Pseudonym Case unter dem Aspekt **»Depression«** 2 die komplette Rückseite eines Klinkerbaus mit einem hyperrealistischen Porträt eines Mannes bemalt.

Intensiven Blickkontakt hat der britische Sprühmeister Dale Grimshaw an einer Wand an der Houldsworth Street hergestellt. Mit dem **Jungen vor blutrotem Hintergrund** 3 will der Künstler an den Unabhängigkeitskampf in Westpapua erinnern. An der Oldham Street setzte der polnische Graffiti-Artist Quebek den 22 Todesopfern des Terroranschlags auf die Manchester Arena im Jahr 2017 ein buntes Denkmal und sprühte **22 Bienen** 4 an die Seitenwand des Cafés Koffee Pot. Fliegender Wechsel herrscht auf der Verkehrsinsel

Offiziell gilt die **Sperrstunde** zwar nicht mehr, dennoch: Viele Pubs schließen auch in Manchester um 23 Uhr. Traditionell erinnert der Wirt mit einem Glockenschlag seine Gäste an die letzte Runde. Im Northern Quarter ist das etwas anders. Am Wochenende haben hier viele Bars und Pubs weit bis nach Mitternacht geöffnet.

am Stevenson Square. Alle paar Monate verleiht der Franzose Akse dem **Betonklotz** 5 am Kopf des Platzes ein neues Gesicht, in dem er fotogleiche Porträts von David Bowie, Nelson Mandela oder Arya Valyrian aus »Game of Thrones« aufsprüht.

Wenn die Neonlichter leuchten

Tagsüber macht sich im Northern Quarter eine trügerische Gemütlichkeit breit. Wochenendbummler schlendern vom Einkauf nach Hause, Paare gehen händchenhaltend zu ihrem Lieblingscafé, der Hund wird um den Block geführt. Mit dem Anbruch der Nacht ändert sich diese Szenerie schlagartig. Die Sonne geht unter, die Neonlichter gehen an und das Viertel verwandelt sich zum Partyzentrum der Stadt. Egal ob Jazz, Techno, Schrammelrock oder Indie – hier gibt es eine passende Adresse für jedes Genre.

Typischerweise beginnt so ein Abend im Pub. Zum Beispiel im **The Castle Hotel** 1 (▶ S. 81) an der Oldham Street, einer ultra-urigen Kneipe von 1776, die sich mit alternativen Konzerten im hinteren Teil jung hält. Im Anschluss geht's ins **Band on the Wall** 2 (▶ S. 107), einer Institution in Manchesters Musikszene, die heute mit ausgewähltem Programm internationaler Musiker verschiedener Genres und Kulturen glänzt.

Wie mit einer Taucherglocke in kreative Stille abtauchen: Das **Manchester Craft & Design Centre** 6 ist eine Ruhe-Oase im geschäftigen Northern Quarter. Das viktorianische Gebäude war einst das Zuhause des Fischmarkts. Heute sind ins Erdgeschoss und in die Galerie lokale Künstler und Handarbeiter eingezogen, die hier produzieren, ihre Werke ausstellen und verkaufen. Ideal zum Stöbern und Bummeln. Oder Sie werden selbst aktiv: Das Zentrum bietet nämlich auch Kurse an (17 Oak St., www.craftanddesign.com, Mo–Sa 10.30–17.30 Uhr). Eine kleine Kuriosität verbirgt sich an der Seitenwand der früheren Markthalle: Die Keramikkünstlerin Liz Scrine hat hier ein winziges Treppenhaus eingemauert. Da würde man am liebsten glatt auf Mausgröße schrumpfen wollen …

Nicht nur die architektonische Hülle ist spannend: Im Manchester Craft & Design Centre gibt es auch stets aktuelle Ausstellungen von Kunstschaffenden zu bestaunen.

La Dolce Vita in Fabrikruinen – **Ancoats**

Willkommen am Geburtsort der industriellen Revolution. Hier ratterten im späten 18. Jh. schwere Maschinen, spannen Baumwolle, gossen Metall, druckten Zeitungen. Unaufhaltbar? Nur scheinbar. Nach dem Zweiten Weltkrieg kündigte sich der Niedergang des Viertels an. Murray Mill, Victoria Mill, Beehive Mill, Royal Mill – eine Fabrik nach der anderen machte dicht. Leerstand und Bandenkriminalität wurden zum Sinnbild von Ancoats. Doch dann kam der unverhoffte Boom, der Manchesters einstige Schmuddelecke in eine der teuersten Wohngegenden der Stadt verwandelte.

Manchester hat seit Kurzem einen Michelin-Stern. Das **Mana** 1 hat ihn sich mit einem provokanten 14-Gänge-Menü verdient. Hier wird

Typischer Anblick: Hinter den roten Fassaden der alten Fabriken in Ancoats ist heute neues Leben eingezogen.

Cityplan J/K 2/3 und Karte 2, H/J 2 | Tram: Shudehill, New Islington

INFOS/ÖFFNUNGSZEITEN

Mana ❶: 42 Blossom St., https://manarestaurant.co.uk, Mi–Sa 19–24, Do–Sa 12–13.30 Uhr
Hallé St Peter's ❶: 40 Blossom St., www.halle.co.uk, rund um die Uhr geöffnet, Eintritt frei

KULINARISCHES FÜR ZWISCHENDRIN

90er-Jahre Rap-Musik und englische Imbissklassiker fusionieren bei **Hip Hop Chip Shop ❸** (44 Blossom St., www.thehiphopchipshop.com, Mi–Do 17–21, Fr 17–22, Sa 13–22, So 13–21, Lunch Mi–Fr 12–14 Uhr) zu Gerichten wie Feastie Boys oder DJ Kool Jerk. Naturweine und kleine Gerichte aus frischen, saisonalen Produkten zum Teilen bietet **Erst ❼** (9 Murray St., www.erst-mcr.co.uk, Di–Sa 13–22.30 Uhr) an. Ein Treffpunkt für Genießer und Ästheten, die auch die warme, skandinavisch-inspirierte Einrichtung zu schätzen wissen.

TIPP

Holen Sie sich ein regionales Craft Beer aus dem **Ancoats General Store 1** (► S. 100) und setzen Sie sich zum Genießen und Leute beobachten an den **Cutting Room Square 1**.

Kaviar gefolgt von Pinienzapfen serviert. Gewagt ist auch die Lage des luxuriösen Feinschmeckertempels: mitten in Ancoats – dem einst so heruntergekommenen Fabrikfriedhof nordöstlich des Stadtzentrums. Das »heruntergekommen« können Sie aber direkt streichen. Denn in gerade mal fünf Jahren hat sich dieser Teil Manchesters zu einem absoluten Trendviertel gewandelt und wurde vom »Time Out«-Magazin zu einer der lebenswertesten Gegenden der Welt gekürt.

Von der Industriebrache zum Genießer-Hotspot

Am deutlichsten wird dieser Wandel am **Cutting Room Square 1**. Dort hat Ancoats Staub und Patina des vergangenen Jahrhunderts abgeschüttelt. Den Platz, der noch vor ein paar Jahren einer Industriebrache glich, umgeben heute angesagte Bars, Pubs und Restaurants. Wo früher Arbeiter Stoffe zuschnitten, kommt heute an milden Tagen ein Hauch von Dolce Vita auf. An den Stufen, Tischen und Bänken treffen sich hier die Mancunians auf ein Glas Weißwein oder ein Pint Craft Beer. Unter freiem Himmel trinken – das ist wegen strenger Alkoholgesetze in England eine Seltenheit und macht den Cutting Room Square zu einem umso beliebteren Treffpunkt für die lokale Szene.

Die findet wohl auch die Kombination aus Fabrikgeschichte und moderner Esskultur in den umliegenden Straßen spannend: An der Blossom Street verspricht **Sugo** 2 (► S. 95) die beste Pasta der Stadt, im **Hip Hop Chip Shop** 3 daneben gibt's den englischen Klassiker neu aufgelegt und für **Rudy's Pizza** 4 (► S. 94) original neapolitanische Steinofenpizza steht man an der Stirnseite des Cutting Room Square gern mal bis zu einer Stunde Schlange.

Vom Gotteshaus zur Lagerhalle zum Prunksaal

Das Auf und das Ab des Stadtteils hat auch die **St. Peter's Church** in der Mitte des Cutting Room Square mitgemacht. Sie wurde 1859 als erste anglikanische Kirche inmitten der Fabrikriesen errichtet. Das Viertel befand sich damals in seiner Hochphase, bis zu 50 000 Menschen lebten in Ancoats, das wegen der vielen italienischen und irischen Zuwanderer bis dahin überwiegend römisch-katholisch geprägt war. Knapp 100 Jahre später musste die Kirche wegen des sukzessiven Verfalls des Stadtteils schließen. Jahrzehntelang stand das Gebäude leer, diente zwischenzeitlich als Lagerhalle, verfiel.

Bis das denkmalgeschützte Gemäuer 2013 von dem international renommierten Hallé Orchestra erworben und mithilfe öffentlicher Mittel zum Konzert- und Veranstaltungssaal **Hallé St Peter's** 1 umgebaut wurde. Das Ensemble und der dazugehörige Chor nutzen St. Peter und das modern angebaute **Oglesby Centre** heute nicht nur für Proben und Aufnahmen, sie stellen es anderen Künstlern oder kommunalen Veranstaltern zur Verfügung.

Die fünf baumhohen Betonblöcke am **Cutting Room Square** 1 sind eine **Kunstinstallation** des Architekten und Fotografen Dan Dubowitz, der selbst aus Ancoats stammt. Die darin eingelassenen großformatigen Fotos geben einen Einblick in die Zeit, als der Cutting Room Square noch von zerfallenen Klinkergiganten umgeben war. Dubowitz hat sich in die Ruinen gewagt und den Verfall Überdauerndes, wie Schnittmuster aus Vinyl, mit seiner Kamera festgehalten.

Seele baumeln lassen auf Nordenglisch: Zur Zeit der industriellen Revolution wurden über die Kanäle Waren befördert, heute bieten die Ufer der New Islington Marina vor allem eins – Entspannung.

Manchester by the Sea

Gerade mal fünf Gehminuten südlich finden Sie ein überraschendes Überbleibsel aus der Zeit der boomenden Baumwollindustrie: die **New Islington Marina** 2. Ja, richtig gelesen. Hier geht's ans Wasser. Boote gibt es auch. Nur der Wellengang fehlt fürs komplette See-Gefühl. Trotzdem beschert dieser urbane Hafen mitten in Ancoats erholsame Urlaubsmomente. Im Becken des **Rochdale-Kanals** liegen zwar keine Luxusjachten, dafür aber heimelige Hausboote. Einige sind bewohnt, manche dienen als schwimmendes Wochenendexil, andere als kuriose Ferienwohnungen. Umgeben wird das Becken von einem Park, in dem sich nicht nur die Kanadischen Gänse wohlfühlen. Von den Bänken lassen sich jede Menge Vögel beobachten – auch die ohne Schnäbel. Hervorragenden Pausenproviant – handgemachte Croissants! – liefert die an der Marina gelegene **Pollen Bakery** 5 (► S. 91).

UM DIE ECKE

Im Gewölbe der **Royal Mill** verschmelzen Industriegeschichte und Genuss bei einer Tasse frisch gebrühtem »Americano«. Die Bohnen werden hier in der **Ancoats Coffee Co.** 6 geröstet. Und jeder kann dabei zusehen. Die Theke neben der gusseisernen Röstmaschine diente ursprünglich nur dazu, die in der alten Fabrik behandelten Bohnen den neugierigen Kunden anbieten zu können. Mittlerweile ist sie zum täglichen Treffpunkt für Kaffee-Fans geworden. Dazu gibt es süße und herzhafte Leckerbissen, Kurse und Verköstigungen. Das Hauptprodukt wird in stylishen Päckchen verkauft – ein ideales Andenken aus lokaler Herstellung (17 Redhill St., www.ancoats-coffee.co.uk, Mo–Sa 9–16, So 10–16 Uhr).

Auf der Innovationsmeile – **Oxford Road**

Die Oxford Road ist nicht bloß eine mehrspurige Hauptverkehrsachse, die über die Universitäten ins Zentrum führt. Sie ist wie eine Art Zeitstrahl, auf dem man die Vergangenheit und den Wandel Manchesters rechts und links der Fahrbahn ablesen kann. Die Gebäude erzählen von den technischen Innovationen, die die Stadt und sogar teilweise die Welt bis heute prägen. Aber auch von wilden Partynächten, kulturellen Sternstunden und ausgefallenen Geschäftsideen.

Hallo, Zukunft! An den Universitäten Manchesters wurden und werden bahnbrechende Entdeckungen gemacht.

Sie ist eine Gigantin. Drei Kilometer lang – und vollgepackt mit Büros, Geschäften, Bars, Museen und zwei der insgesamt fünf Universitäten der Stadt. Rund 100 000 Studenten gibt es in Manchester – etwa zwei Drittel davon besuchen die an der Oxford Road gelegene **University of**

Ein morbides Kapitel von Manchesters Stadtgeschichte findet sich auf dem Campus der **Metropolitan University** 2. Oder vielmehr: darunter. In den 1830er-Jahren grassierte die Cholera in den Arbeiterslums an der Oxford Road. Die Toten setzte man damals außerhalb der Stadt in Massengräbern bei, auf denen bis heute nicht gebaut werden darf. Eines dieser Cholera-Gräber liegt unter dem **All Saints Park** 1 an der Oxford Road, wo heute Studierende zwischen den Vorlesungen ihre Mittagspause verbringen.

Manchester 1 und die **Manchester Metropolitan University** 2. Kein Wunder, dass diese Straße zu Semesterbeginn einem Bienenstock gleicht. Es wimmelt nur so von jungen Menschen, die über Bürgersteige strömen, sich in Bars tummeln, Cafés, Restaurants und Clubs füllen. Rund um die Institute am unteren Ende der Oxford Road ist alles auf den Uni-Lifestyle ausgerichtet: Es gibt günstige Imbisse, Parks mit vielen Sitzmöglichkeiten und preiswerte Pubs.

Tausche Versicherung gegen Pub

Der Luxus-Pub **Refuge** 1 (► S. 106) residiert in einem imposanten viktorianischen Bau aus dem frühen 20. Jh.: Er war einmal das Zuhause der Versicherungsgesellschaft Refuge Assurance. Heute beherbergt er zudem das luxuriöse **Kimpton Clocktower Hotel** 1 und ist mit seinem Uhrturm eine echte Landmarke in der dicht bebauten Innenstadt. Links daneben liegt das **Palace Theatre** 2. Es stammt aus dem vorletzten Jahrhundert und öffnet die dunkelroten Samtvorhänge hauptsächlich für internationale Musical-Hits.

Gleich gegenüber findet sich die **Oxford Road Station** 3, in die erstmals 1849 Züge einfuhren. Der Bahnhof hatte massive Auswirkungen auf die Entwicklung dieses Bezirks. Bis zu seinem Bau war diese Ecke der Stadt stark heruntergekommen. Wo heute Uni-Dependancen eingezogen sind, lebten bis ins 19. Jh. noch irische Arbeiterfamilien in Slums.

Ausflug ins Containerwunderland

Manchmal braucht es nicht mehr als ein paar Schiffscontainer und kluge Geschäftsideen. Genauso ist unter der Autobahnbrücke an der Oxford Road aus einem blinden Fleck ein kleiner Brutkasten für Einzelhandel und Gastronomie entstanden. Das Kreativnest **Hatch** 4 ist ein Ort zum Entdecken, Stöbern, Shoppen. Und ein Paradebeispiel für moderne Stadtentwicklung. Imbisse mit ständig wechselnden Menüs, Bars, ein Tätowierer, ein Barber-Shop, Läden für neue und Second-Hand-Klamotten, ein Café und eine Mikrobrauerei sind nach und nach in die Stahlkästen eingezogen. Am Wochenende verwandelt sich der Containerpark dann zu einem bei Studenten und Dozenten gleichermaßen beliebten Ausgehziel.

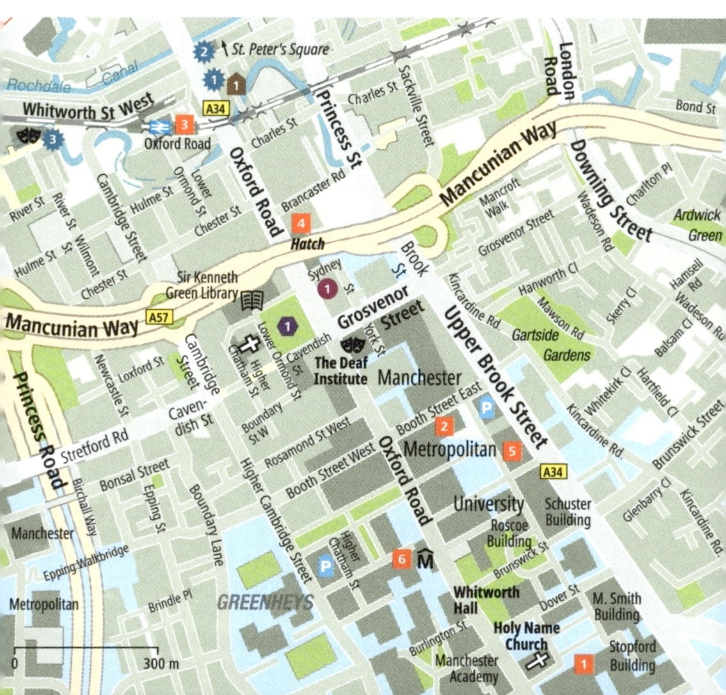

Cityplan E6–F8 und Karte 2, F3–H6 | Bahn: Oxford Road | Tram: St. Peter's Square

INFOS/ÖFFNUNGSZEITEN

Kimpton Clocktower Hotel 1: Oxford St., www.kimptonclocktowerhotel.com, DZ ab 140 £
Palace Theatre 2: 97 Oxford St., www.manchestertheatres.com
Hatch 4: Oxford Road, https://hatch mcr.com, So–Mo 12–21, Di–Mi 12–22, Do 12–23, Fr–Sa 12–24 Uhr
National Graphene Centre 5: Booth St., www.graphene.manchester.ac.uk

KULINARISCHES FÜR ZWISCHENDRIN

Gesundes Essen zum fairen Preis bietet der Bio-Supermarkt **The Eighth Day** 1 (111 Oxford Road, www.8thday.coop, Mo–Sa 9.30–17.30 Uhr) an. Eine breite Auswahl an vegetarischen und veganen Auf-die-Hand-Leckereien gibt es an der Backtheke der Genossenschaft im Erdgeschoss. Frisch zubereitetes Frühstück und warme Küche, ebenfalls vegetarisch/vegan, serviert die Kantine im Untergeschoss.

Graphen, Atomspaltung und ein Baby

Haben Sie schon mal etwas von Graphen gehört? Die Kohlenstoffverbindung gilt als bahnbrechende Entdeckung, da sie ultraleicht, jedoch äußerst belastungsfähig ist. Ein physikalischer Durchbruch, den die Forscher Andre Geim und Konstantin Novoselov da im Jahr 2004 in einem Labor in Manchester gemacht haben und dafür 2010

Ende des 19. Jh. wurde der imposante Uhrturm an der Oxford Street für eine Versicherung erbaut. Inzwischen ist er so bekannt, dass er sogar im Namen des Hotels vorkommt, das er heute beherbergt: Kimpton Clocktower Hotel.

mit dem Nobelpreis belohnt wurden. An der Entwicklung des vielversprechenden Materials arbeiten Wissenschaftler heute im **National Graphene Centre** 5, hinter der Oxford Road. Die Fensterfront der modernen Glaskonstruktion gewährt Einblicke in ihre Arbeit am Riesenmikroskop.

Die Isolierung von Graphen ist zwar die aktuellste, aber lange nicht die einzige revolutionäre Erfindung der University of Manchester. Schräg gegenüber vom Graphene Centre schrieb 100 Jahre zuvor der Physiker Ernest Rutherford Geschichte. 1917 spaltete er in dem heute nach ihm benannten Laborgebäude das erste Atom und legte damit die Grundlage für nukleare Energiegewinnung und Bestrahlungstherapie. Nur einige Häuser weiter entwickelten 30 Jahre später Frederic C. Williams und Tom Kilburn den ersten Computer. Das sogenannte Manchester Baby – so groß wie ein Kleintransporter – ist der Urgroßvater unserer PCs, Laptops und Tablets. Ein Nachbau des Kolosses ist im **Museum of Science and Industry** (▶ S. 63) zu sehen. Biologischer und kultureller Forschung widmet sich das frisch renovierte **Manchester Museum** 6 (▶ S. 78) im Hauptgebäude der University of Manchester. Zur Sammlung gehören Dinosaurier-Skelette, Mumien aus dem alten Ägypten, präparierte Insekten und ausgestopfte Tiere. Seit 1890 ist das Museum für jedermann zugänglich.

→ UM DIE ECKE

Kino, Theater, Galerie: Das Kunst- und Kulturzentrum **HOME** 3 an der First Street vereint all das in einem megamodernen Glasbau. Seit 2015 ist das Zentrum Pilgerstätte für Kreative und Kunstinteressierte der Stadt. In drei Galerien werden wechselnde Ausstellungen zeitgenössischer Kunst und Fotoschauen gezeigt. Doch HOME, dessen Schirmherr Trainspotting-Regisseur Danny Boyle ist, wird nicht nur für sein eklektisches Veranstaltungsprogramm (▶ S. 108) geliebt, sondern ebenso für sein gastronomisches Angebot. Im Erdgeschoss gibt es eine Bar, die tagsüber Freiberufler gern zum Büro umfunktionieren, und einen gut sortierten (Buch-)Laden (2 Tony Wilson Square, www.homemcr.org, Mo–Do 10–23, Fr–Sa 10–24, So 11–22.30 Uhr).

Auf der Curry Mile in Rusholme

Indien liegt am Ende der Oxford Road. Curry Mile nennen die Mancunians die weit über die Stadtgrenzen hinaus bekannte Gegend, in der es mehr indische Restaurants an einem Fleck gibt als sonst irgendwo im Königreich. Hier ist alles ein bisschen bunter – die Neonlichter, die Kleidung, die Ladenauslagen. Und dann wären da noch moderne Kunst und ein viktorianisches Schwimmbad.

Es ist, als ob hier keine Verkehrsregeln gelten. Autos, Fahrräder, Roller drängeln über die Fahrbahn. Geparkt wird in zweiter, manchmal in dritter Reihe. Dazwischen huschen Fußgänger quer über die Straße. Es herrscht Chaos. Aber irgendwie passt das zu dem bunten, quirligen Drumherum. Offiziell heißt dieser Straßenabschnitt, der vom Univiertel in die Wohngegend Rusholme führt, **Wilmslow Road.** Doch so nennt diese Ecke

Schnell noch mit dem Bus zum Abendessenholen an die Curry Mile!

Cityplan 2, außerhalb G–J 6 | **Bus** 147, 41, 42, 43, 142 bis Wilmslow Road (Stop H)

INFOS/ÖFFNUNGSZEITEN

The Whitworth 1: Oxford Road, www.whitworth.manchester.ac.uk, Di–So 10–17, Do bis 21 Uhr, Eintritt frei

SCHARFE TIPPS

Sanam 1: 145–151 Wilsmlow Road, www.sanamsweets.com, So–Do 10–24, Fr–Sa 10–1 Uhr
Mughli 2: 30 Wilmslow Road, www.mughli.com, Mo–Do 17.30–24, Fr 17.30–0.30, Sa 16.30–0.30, So 14.30–22.30 Uhr
Chit'n'Chaat 3: 205 Wilmslow Road, www.chitnchaat.com, Mo–Sa 9–22.45, So 9–21.30 Uhr

in Manchester niemand. Wo sich pakistanische Imbisse an indische Restaurants schmiegen und Gewürze die Luft mit Fernweh tränken, liegt die Curry Mile. Hier findet sich die größte Dichte an Curry-Häusern in ganz Großbritannien. Und wer auf scharfe Gerichte zum kleinen Preis steht, hat hier einen kulinarischen Freizeitpark vor sich.

Schmelztiegel für Nachtschwärmer

Entstanden ist die Curry-Meile in den 1950er- und 60er-Jahren. In dieser Zeit kamen viele Einwanderer aus Indien, Bangladesch und Pakistan nach Manchester, um in den Textilfabriken zu arbeiten. In Rusholme bildete sich so eine Art Zentrum für südasiatische Kultur. Eines der ältesten noch bestehenden Restaurants ist das **Sanam** 1 von 1963, das für seine süßen Kreationen aus Indien und Pakistan bekannt ist. Spezialität des Hauses: Mithai, bunte Küchlein mit Nüssen oder Safran.

Restaurants und Imbisse haben beinahe rund um die Uhr geöffnet. Das wissen vor allem Nachteulen und feierwütige Studierende zu schätzen. Sie schwärmen zum Tikka Massala wie Motten ans Licht. Heute ist die Curry Mile zwar immer noch ein beliebter Zwischenstopp auf dem Heimweg von Konzerten oder Unipartys – ganz so lebhaft wie früher einmal geht es aber nicht mehr zu. Diese Entwicklung und die steigenden Mieten haben zur Folge, dass sich nur die besten Curry-Häuser halten. In die entstehenden Lücken rücken Shisha-Bars, Kebab- und Shawarma-Läden nach. Das Angebot hat so in den vergangenen Jahren an Internationalität gewonnen. Auch afghanische und persische Küche findet sich heute unter den mehr als 70 Restaurants an der Curry Mile.

Dass Beständigkeit nur mit Veränderung funktioniert, hat das familiengeführte Curry-Haus **Mughli** 2 verstanden. Schon seit 1991 ist es gleich am Eingang des kulinarischen Straßenabschnitts zu finden. Die Überlebenstaktik lautet: Trends mitgehen. Bei Mughli isst man nicht nur gut – auch das Interieur ist ein Kundenmagnet. Statt kühlem Licht und Kantinenstimmung, auf die man bei einigen Mitbewerbern trifft, erwartet die Gäste hier eine fotogene Streetfood-Atmosphäre. An Authentizität büßt das Restaurant dadurch nicht ein: Die im restauranteigenen Holzkohleofen zubereiteten Speisen sind typisch für die aus dem Mittelalter stammende Mughlai-Küche.

Van Gogh im Toilettenhäuschen

Eine wilde Geschichte spinnt sich um die Galerie **The Whitworth** 1, die nur einige Gehminuten stadteinwärts von der Curry Mile liegt (▶ Randspalte). Aber zunächst zu den Grundlagen: Die an die 60 000 Stücke umfassende Sammlung, die 1889 mit finanzieller Unterstützung des Ingenieurs Joseph Whitworth gegründet wurde, ruht in einem architektonisch imposanten Komplex im **Whitworth Park** an der Oxford Road. Das Gebäude besteht aus einer alten, roten Villa und einem hochmodernen, gläsernen Anbau. Der wurde bei der 15 Mio. Pfund teuren Renovierung im Jahr 2015 hinzugefügt. Die Whitworth-Kunstgalerie zeigt historische und gegenwärtige Kunst, Malerei, Skulpturen, Drucke. Spezialgebiet und größter Teil der Sammlung sind Textilien. 20 000 Stücke aus der ganzen Welt. Manches sind Stoffe, einiges nur noch Fetzen, wie die mehr als 1000 Jahre alten Kleidungsfragmente aus Ägypten.

Wie bitte?

Ganz schön laut an der Curry Mile, was? Kein Wunder: Die Strecke zwischen Fallowfield und dem Stadtzentrum ist eine der meistbefahrenen Busstrecken Europas. Wer eine kleine Pause nötig hat, schnappt im **Platt Fields Park** 2 zwischen Platt Lane und Hart Road frische Luft. Rund um den herzförmigen See gibt es weite Wiesen und genügend Bänke zum Verschnaufen.

Der 26. April 2003 hätte ein schwarzer Tag für die Galerie **The Whitworth** 1 werden können. In dieser Nacht schleichen sich Diebe in das Gebäude und stehlen drei Werke aus der Sammlung: einen Van-Gogh, einen Picasso, einen Gauguin. Gesamtwert: 4 Mio. Pfund. Ein finanzielles Desaster. Und eine peinliche Offenbarung hemdsärmeliger Sicherheitsvorkehrungen. Doch dann passiert das Unglaubliche: Eine verregnete Nacht später findet die Polizei die drei Meisterwerke wieder. Und zwar in einer öffentlichen Toilette circa 200 m von der Galerie entfernt. Die Malereien sind in einer Pappröhre verstaut und mit einer Notiz der Diebe versehen: »Wir wollten zeigen, wie elend die Sicherheitsvorkehrungen sind«. Diese Mission ist wohl gelungen.

Sitzt man hier im Park, im Museum oder im Café? Ganz einfach: Alles stimmt! Die Architektur der Whitworth-Galerie lässt viel Raum für die Natur.

UM DIE ECKE

Die Szene wirkt wie aus einem Wes-Anderson-Film: ein leergepumptes Schwimmbad, aufwendig gekachelt, verzierte Balkone an den Seiten, darunter verschnörkelte, schmiedeeiserne Umkleidekabinen mit rot-weiß gestreiftem Sichtschutz. Die **Victoria Baths** 3, 15 Gehminuten von der Curry Mile, sind ein wunderschönes Relikt aus der Zeit vor dem Ersten Weltkrieg. Eröffnet im Jahr 1906, als die Textilindustrie boomte, waren die Bäder ein nie da gewesener Luxus, den jedermann nutzen durfte: Drei Pools, türkische Bäder, und der erste öffentliche Jacuzzi standen der breiten Masse zur Verfügung. 87 Jahre lang blieben sie in Betrieb, waren Ausflugsziel und Wochenendspaß für Generationen. Trotz vehementer Proteste aus der Bevölkerung schloss die Stadtverwaltung das Schwimmbad im Jahr 1993. Ein paar Mancunians nahmen 2002 das Schicksal dieses Schatzes in die Hand und werben als »Friends of Victoria Baths« um Geld und Unterstützung für Restaurationsarbeiten. Irgendwann soll man hier wieder planschen können. Finanziert wird dieser Traum u. a. mit Veranstaltungen: Von April bis November öffnen die Türen für Kino-Abende, die jährliche Craft-Beer-Messe oder Vintage-Märkte im leeren Becken. Eine Führung zeigt das denkmalgeschützte Gebäude, die bunten Glasfenster und Mosaikböden (Victoria Baths: Hathersage Road, www.victoriabaths.org.uk, Mi 11–15, Führung 13 Uhr, 8 £).

Industrieromantik – **in Castlefield**

Manchester ist die Geburtsstätte der Industrialisierung. Ihre Hebammen waren das Schifffahrts-Kanalsystem und die Eisenbahn. In Castlefield zeigen sich beide Erfindungen von ihrer schönsten Seite: Still liegt hier das Wasser unter schmiedeeisernen Brücken – Industrieromantik pur. Zweifel, dass hier einmal Maschinen unter kohleverhangenem Himmel ratterten? Das Museum of Science and Industry versetzt Sie zurück in diese verheißungsvolle Zeit.

Die Kreuzung aus Deansgate und Castle Street im Regen. Menschen mit aufgespannten Schirmen überqueren die Fahrbahn. Der bewölkte Himmel taucht die Szene in ein mürrisches Grau. Im Vordergrund: Feierabendverkehr. Im Hintergrund: Eisenbahnbrücken aus dem vorletzten Jahrhun-

Zeit für Nostalgie: Die Brücken und Kanäle sind das Wahrzeichen von Castlefield.

INFOS/ÖFFNUNGSZEITEN

Mamucium 1: Duke St., rund um die Uhr geöffnet

Museum of Science and Industry 5: Liverpool Road, www.scienceandindustrymuseum.org.uk, tgl. 10–17 Uhr, Eintritt frei

KULINARISCHES FÜR ZWISCHENDRIN

Goldenes Ale im Glas und kross gebackener Fisch auf dem Teller. Dazu gibt's Aussicht auf den friedlichen Kanal. Das Restaurant **The Wharf** 1 (6 Slate Wharf, So–Do 12–23, Fr–Sa 12–24 Uhr) liegt am Wasserweg in Castlefield und überzeugt mit seiner großzügigen Terrasse und gemütlicher Pub-Atmosphäre.

dert. Die Aufnahme »Manchester Rainstorm« (www.manchester-rainstorm.com) des Fotografen Simon Buckley aus dem Sommer 2019 verbreitete sich viral in den sozialen Medien. Zum einen, weil die Stimmung und die Komposition außergewöhnlich schön sind für ein Handyfoto. Aber auch, weil das Bild für viele Mancunians die Quintessenz ihrer Heimat einfängt: der Regen, die Industriekultur, die Menschen. Das Foto erzählt von der spannenden Vergangenheit und Gegenwart Manchesters. Und der lässt sich nirgends so gut nachspüren wie da, wo Buckleys Schnappschuss entstanden ist – in Castlefield.

Fort am Militär-Highway

Castlefield ist über die stark befahrene Verkehrsachse **Deansgate** mit dem Zentrum verbunden. Die Gegend ist auch Sammelbecken für Bars, Restaurants und Pubs. Eine Mischung, die an Wochenenden Einheimische und Besucher zum Entspannen und Erkunden anlockt. Rund um die Kanalarme macht man es sich auf Decken gemütlich oder trifft sich auf ein Pint auf der Pub-Terrasse.

Castlefield markiert aber auch den Geburtsort der Stadt. Die Römer waren die Ersten, die hier vor knapp 2000 Jahren siedelten – damals war Manchester nicht mehr als ein Durchgangs-

Cityplan A–C 6–8 | Tram: Deansgate–Castlefield

ort zwischen den römischen Hochburgen Chester und York. In einem Park links der Liverpool Road liegt der Nachbau des sogenannten **Mamuciums** 1, einer Festung aus Sandstein. Das Original haben die Römer im Jahr 79 n. Chr. erbaut: Es maß ursprünglich 130 mal 160 m und war von einem doppelten Graben umgeben.

Die ersten Wasserstraßen

Heute wird die Mamucium-Replik von kolossalen Eisenbahnbrücken aus der Mitte des 19. Jh. in den Schatten gestellt. Sie sind das Erste, was einem von Deansgate aus kommend ins Auge fällt. 1758 gab der Duke of Bridgewater den Bau der ersten industriell genutzten Wasserstraßen Großbritanniens in Auftrag, um Kohle von seinen Minen im westlich gelegenen Vorort Worsley nach Manchester zu transportieren. So entstand der **Bridgewater Canal** 2, der die Industrie umkrempelte. Frachtboote konnten nun die entlang des Kanals liegenden Fabriken mit großen Mengen Kohle versorgen. Zuvor ging das nur mühsam mit Pferd und Karren. Die Methode erwies sich als so effektiv, dass sich der Preis der Kohle halbierte.

Aufgrund des Bridgewater-Erfolgs wurde das System 1804 um den **Rochdale Canal** 3 erweitert, dessen Becken in Castlefield liegt. Der kommerzielle Schiffsverkehr versiegte Mitte der 1970er-Jahre, die Wasserstraßen werden heute noch von Freizeitkapitänen genutzt. Deren Hausboote lassen sich bei einem Spaziergang rund um das **Kanalbecken** 4 begutachten. Die schwimmenden Wochenendexile sind in gedeckten Tönen gehalten, manche leuchten aber auch in bunten Farben oder überraschen im Grufti-Look.

Baby im Museum

Natürlich verdient die Mutterstadt der Industrialisierung ein Museum, das diese bahnbrechende Epoche konserviert und erklärt. Das **Museum of Science and Industry** 5 erstreckt sich über fünf Gebäude an der Liverpool Road. Die Ausstellung verbindet historische Objekte mit moderner Wissenschaft, was die Sammlung hochinteressant macht. Die **Air and Space Hall** auf der gegenüberliegenden Straßenseite des Haupteingangs widmet sich Flugzeugen, Hubschraubern, aber auch Autos und zeigt zum Beispiel den aus dem

Das **Kastell** 1 spielte eine strategische Rolle für die Römer, denn es lag an der damals meistbefahrenen Wegkreuzung Britanniens. Von der Erhebung, auf die das Fort gebaut wurde, konnten die Soldaten den Verkehr auf dem Militär-Highway beobachten und waren durch die beiden Flüsse Medlock und Irwell vor feindlichen Übergriffen geschützt.

Die Hausboote und Kähne an den Kanälen von Castlefield zeigen es: Zwischen alten Industrierelikten ist viel Raum für Heimeligkeit.

Mehrfache Deutungen durchaus erwünscht: »Life Cycle« heißt die Skulptur des Künstlers George Wyllie aus Glasgow, die er 1995 anlässlich einer Umweltkonferenz für die Stadt Manchester schuf. Zunächst am Albert Square aufgestellt, hat sie mittlerweile nahe der Deansgate Station ihren Platz gefunden.

Jahr 1905 stammenden privaten Rolls-Royce von Henry Royce. Teil der Dauerausstellung ist auch die **Liverpool Road Station** 6 – der älteste noch erhaltene Bahnhof der Welt. Vor knapp 200 Jahren ist hier die erste Eisenbahn aus Liverpool eingefahren. Ein weiteres Kapitel revolutionärer Stadtgeschichte schlummert im Museum of Science and Industry: das »Manchester Baby« – der erste Computer, der 1948 an der Manchester University entwickelt wurde. Viermal die Woche wird es aus seinem Schlaf geweckt. Museumsmitarbeiter demonstrieren an dieser Replik, wie drastisch sich die Technik in den vergangenen 75 Jahren weiterentwickelt hat.

UM DIE ECKE

Deansgate ist eine der ältesten Straßen Manchesters. In der Tat dient sie schon den Römern als Hauptverkehrsachse, dank derer sie die beiden Flüsse Medlock und Irwell überqueren konnten. Damals wohl eher ein Trampelpfad ist Deansgate heute eine mehrspurige Meile, gesäumt von modernen Büros, Restaurants, Einrichtungsgeschäften und Supermärkten. Kurz vor der Straßenbahnstation Deansgate/Castlefield schießt der **Beetham Tower** 7 (303 Deansgate) aus dem Boden. Bei seiner Fertigstellung im Jahr 2006 war der 169 m hohe Turm das höchste Haus Manchesters. Erst kürzlich ist er von den Zwillingstürmen, den West and South Towers am Deansgate Square, überholt worden. Und zwar um mehr als 30 m. Mit seinen 47 Stockwerken zählt der Beetham Tower dennoch zu den größten Wolkenkratzern Großbritanniens und dank seiner seltsam schmalen Architektur ist der verglaste Riese zur Landmarke Manchesters geworden. Und zwar eine, die man betreten kann. Neben einem Hotel und Privatwohnungen beherbergt der Turm eine Cocktailbar mit einmaligem Panorama-Ausblick. Von der **Cloud 23** (www.cloud23bar.com, Mi–Do 12–24, Fr–Sa 12–1, So 12–22 Uhr, Zugang zum Aufzug durch die Hotel-Lobby) lässt sich hier im 23. Stockwerk Manchester wie von einer Wolke aus betrachten. Und dazu gibt's fein abgeschmeckte Mixgetränke, deren Namen sich an Manchesters Geschichte orientieren.

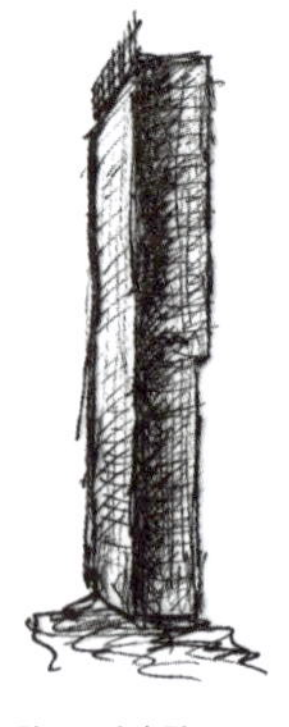

Die Financial Times beschrieb den Beetham Tower als »Großbritanniens ersten ordentlichen Wolkenkratzer außerhalb Londons«.

Besuch bei der BBC – **die Salford Quays**

Hier zeigt sich die Metropole von ihrer ganz modernen Seite: An den Salford Quays ist eine Zukunftsstadt entstanden, in der Glasfassaden um die Wette glänzen. Rund um die alten Hafenbecken des Manchester Ship Canal haben nationale Medienhäuser wie die BBC ihre Studios angesiedelt. Das Imperial War Museum North packt eine weitere Schippe Kultur auf das Programm.

Salford, das war bis vor Kurzem für viele Mancunians nicht mehr als die Stadt gleich hinter dem Fluss Irwell. Die kleine Nachbarin. Mit der Entwicklung der Quays hat sich diese Wahrnehmung allerdings rapide geändert. Durch die dort angesiedelten Fernsehsender ist dieser Teil Salfords zum kulturellen und wirtschaftlichen Magneten geworden, von dem letztlich auch

Mit dem Rad lassen sich die weitläufigen Salford Quays wunderbar erkunden.

die große Schwester Manchester profitiert. Ein Ausflug an den Medienhafen gewährt auch Einblicke in die industrielle Vergangenheit dieses Areals.

Von Schiffsdocks zum Medienhafen

Schon einmal sind die Quays in Salford Schauplatz wirtschaftlichen Booms gewesen. Nach der Fertigstellung des **Manchester Ship Canal** eröffnete Queen Victoria 1894 hier die Docks, die sich bald schon zum drittgrößten Hafen Großbritanniens entwickeln sollten. In den 1970er-Jahren aber brach der Handel in Salford ein, 1982 machten die Docks dicht und mit ihnen gingen etwa 3000 Arbeitsplätze über Bord. Knapp 30 Jahre nach dem Aus des Industriehafens verwandelte sich das Areal rund um den Schiffskanal in die **MediaCityUK 1**, das Zuhause bedeutender nationaler Funkhäuser und Fernsehanstalten wie ITV oder BBC sowie der University of Salford. Damit löste Manchester London als Zentrum der britischen Medienlandschaft ab. Das brachte nicht nur Prestige, sondern auch Zuzug, Kaufkraft, Aufschwung in die Stadt. Allein die BBC beschäftigt in der Medienstadt rund 3200 Angestellte. Spannend, zwischen den polierten Glasfassaden zu flanieren und sich in den Gärten unter das Mittagspausenvolk zu mischen. Bei einem Spaziergang entlang der Promenade des **Manchester Ship Canal** lässt sich die glitzernde Zukunftsstadt am besten erkunden.

Entspannt am Wasser sitzen oder sporteln? An den Ufern des Manchester Ship Canal hat man die Wahl – und jede Menge Platz.

Wo die Welt in Scherben liegt

Gegenüber von der MediaCityUK erhebt sich die glänzende Silhouette des **Imperial War Museum North 2**. Allein die Architektur des Gebäudes ist eine Sehenswürdigkeit. Wie ein Haufen gigantischer Glasscherben liegt der Komplex am Wasser und ist per **Fußgängerbrücke** zu erreichen. Für den dekonstruktivistischen Entwurf des Kriegsmuseums, das 2002 zum ersten Mal für Besucher öffnete, hat Architekt Daniel Libeskind einige Preise eingeheimst. Nicht nur von außen ist das Museum außergewöhnlich: Durch die einzigartige Bauweise gibt es im Inneren keinen einzigen rechten Winkel. Innerhalb seiner gebogenen Wände zeigt das Museum eine Dauerausstellung über internationale Konflikte, beginnend mit

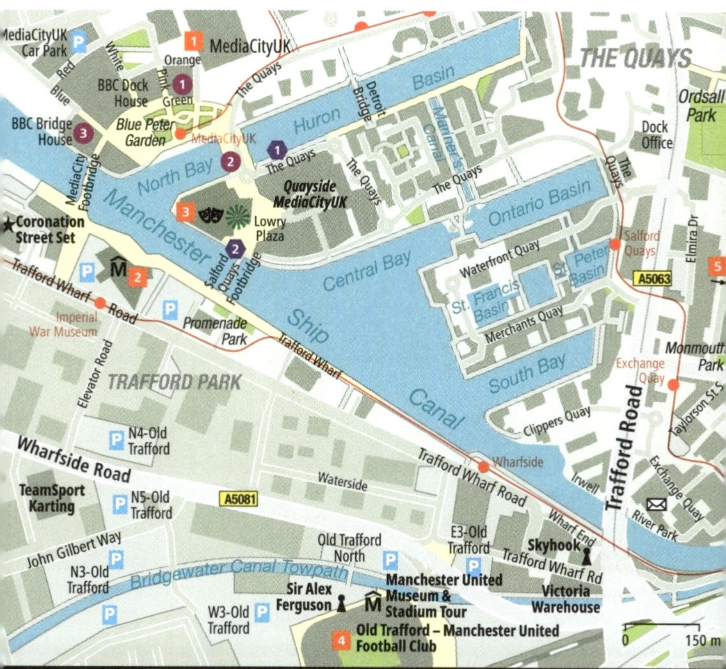

Cityplan 2, A–C 4/5 | Tram: Media City UK

INFOS/ÖFFNUNGSZEITEN

Media City UK 1: www.mediacityuk.co.uk. In den größten TV-Studios Europas entstehen viele beliebte Shows und Sendungen, über die Website kann man sich über Führungen informieren.
Imperial War Museum North 2: Trafford Wharf Road, www.iwm.org.uk, tgl. 10–17 Uhr, Eintritt frei
Old Trafford Stadion Tour 4: Sir Matt Busby Way, www.manutd.com, So–Do 9.30–16, Fr–Sa 9.30–17 Uhr, Museum und Führung Erw. ab 25 £/erm. ab 18 £
Ordsall Hall 5: 322 Ordsall Lane, www.ordsallhall.com, Mo–Do 10–16, So 13–16 Uhr, Eintritt frei

WIE EIN FISCH IM WASSER

Uswim 1: Dock 9, Salford Quays, www.uswimopenwater.com, Sa 8–11, Mi 17.30–19.30 Uhr, Erw. 10 £/erm. 7 £

Manchester River Cruises 2: The Quays, Pier 8, www.manchesterrivercruises.com, Mo–Sa 9–17.30, So 9–19.30 Uhr, stdl. Touren Erw. 10 £/erm. 7 £

KULINARISCHES FÜR ZWISCHENDRIN

Die Gastronomie rund um den Medienhafen besteht hauptsächlich aus Restaurant- und Imbissketten. Ausgewogene Mahlzeiten bieten **The Botanist** 1 (Orange Building, MediaCityUK, Mo–Do 12–23, Fr 12–24, Sa 9–24, So 9–23 Uhr) oder **The Alchemist** 2 (The Bund, MediaCityUK, Mo–Mi 10–24, Do–Sa 10–1, So 10–23 Uhr). Eine gute Adresse für ein Sandwich auf die Hand ist der erstklassig ausgestattete Supermarkt **General Store** 3 (Unit 1 Lightbox, MediaCityUK, Mo–Sa 7–23, So 8–23 Uhr).

Schwimmen im ehemaligen Hafenbecken? Na klar! Am Huron Basin kann man im Neo ins Wasser hüpfen. Regelmäßige Schwimmtreffen bietet zum Beispiel der Veranstalter Uswim.

dem Ersten Weltkrieg bis heute. Die Sammlung zeigt Waffen, Fortbewegungsmittel, Uniformen, persönliche Gegenstände und vom Krieg inspirierte Kunstwerke. Beeindruckend ist die **Big Picture Show,** eine Filmvorführung über Krisenherde und deren Effekte. Sechsmal am Tag wird dazu die Hauptgalerie zur Panoramaleinwand transformiert. Riesenbilder flimmern über die Wände. Kinder im Krieg. Soldaten in Trümmern. Das ist nichts für Empfindliche. Überwältigend und lehrreich.

Aus der Fischperspektive

Wasser spielt eine große Rolle an den Salford Quays. Es verleiht dem Areal um den Medienhafen einen weltgewandten Charme – man fühlt sich hier fast wie am Meer. Das Ufer des Schiffkanals verleitet zum Spazieren, zum Verweilen, manchen sogar zum Abtauchen. Mittwochs und samstags können Mutige am **Dock 9** im offenen Wasser Bahnen ziehen. Neoprenanzüge und Badekappen gibt's zum Ausleihen beim Veranstalter der Schwimmtreffen **Uswim** ❶.

Auch auf Höhe des Wasserpegels, nur deutlich weniger nass, entdeckt man die Gegend rund um die Salford Quays auf der **Princess Katherine** 2. Stündlich sammelt das Schiff der **Manchester River Cruises** Touristen und wissbegierige Einheimische vor dem am Galerie- und Theaterkomplex **The Lowry** 3 (► S. 78) gelegenen Lokal **Pier 8** ein. Die Tour zeigt die interessantesten Ecken des Manchester Ship Canal und die ihn umgebenden Sehenswürdigkeiten vom Wasser aus.

Die **Princess Katherine** 2 macht auch am Ralli Quay in Spinningfields (näher an der Innenstadt) Halt und eignet sich daher ideal als Wassertaxi. Auf dem Schiffchen gibt es außerdem eine Bar mit Bier, Gin und Knabbereien für die Fahrt.

Kindheitstraum und Tudor-Haus

Einmal das Stadion von Manchester United sehen. Für viele ist das der Grund, überhaupt nach Manchester zu reisen. Vom Imperial War Museum bis zur Erfüllung dieses Kindheitstraums sind es grade mal 15 Minuten zu Fuß. **Old Trafford** 4, wie die Mancunians das Zuhause der »Reds« nennen, erhebt sich gleich hinter dem Bridgewater Canal und ist ein absolutes Muss – auch für weniger Fußballbegeisterte. In dieser Wahnsinnskulisse haben Legenden wie David Beckham und Cristiano Ronaldo gespielt, gewonnen, Geschichte geschrieben. Tickets für ein Match zu erstehen ist beinahe unmöglich, wenn man nicht gerade jemanden mit Dauerkarte oder guten Beziehungen kennt.

Eine **Stadionführung** klingt zwar nach Trostprogramm, ist aber eine gute Möglichkeit, intime Einblicke in den Spieleralltag zu erhaschen. Man darf beispielsweise in den holzvertäfelten Umkleideräumen probesitzen. Mit Jubel vom Band hinterlegt geht's zum Schluss raus aufs satte Grün. Auch wenn die Ränge leer sind: Das ist der Höhepunkt der kurzweiligen Tour.

Bei Weitem nicht so bekannt wie das Old Trafford Stadion ist die **Ordsall Hall** 5, ein uraltes Herrenhaus im Tudor-Stil. Zum ersten Mal fand es Erwähnung im 12. Jh. und ist damit das älteste Haus Salfords. Ein Geheimtipp, denn trotz seiner langen Geschichte haben selbst manche Einheimischen noch nie von dem einstigen Landsitz der Familie Radclyffe inmitten der Stadt gehört, das von einem liebevoll angelegten Garten umgeben wird. Die historischen Räume können bei freiem Eintritt besucht werden, für eine kleine Summe gibt's eine Führung und Erfrischungen obendrauf.

The Lowry ist nach dem Künstler Lawrence Stephen Lowry benannt, der lange in Salford lebte und arbeitete. Das Kunst- und Kulturzentrum stellt seine Werke sowie Kreationen anderer Kunstschaffender aus, auch Festivals und Theater gehören zum Repertoire.

Dorfidylle – **in Didsbury**

In Didsbury scheinen die Uhren langsamer zu ticken als im wuseligen Zentrum. Der Vorort südlich von Manchester strahlt dörfliche Gelassenheit aus. Die Atmosphäre rund um die mit kleinen Geschäften, Bars und Restaurants gespickte Burton Road macht Didsbury zu einem der beliebtesten Wohnviertel im Umkreis. Häuser sind hier deshalb unverschämt teuer – ein Tagesausflug muss es nicht sein.

Wie wäre es mit einem Picknick für den Park vom Cheese Hamlet? In Didsbury ist relaxtes Bummeln angesagt.

Hip. Wohlhabend. Didsbury fühlt sich nach Londoner Vorort an. Lädt zum Bummeln, Leute beobachten, Spazierengehen im Park ein. Wer die wilden Jahre hinter sich hat, siedelt in den Süden um. Und wer Geld hat. Das war schon zu Zeiten der industriellen Revolution so. Textilfabrikbesitzer machten es sich damals in ihren stattlichen Villen im grünen Speckgürtel unterhalb des kohleverhangenen

Stadtzentrums gemütlich. In den folgenden Jahrzehnten starb die Baumwollbranche zwar langsam aus, die fetten Vorortvillen aber sind geblieben.

Brunch, Bummel und Braukunst

Die **Burton Road** ist das urbane Salz im dörflichen Karamell **West Didsburys.** Etwas unangepasst und schrullig hebt sie sich vom eher glatt gebügelten, zuweilen kleinbürgerlichen Rest des Vororts ab. Die hiesigen Pubs und Bars ziehen Gäste aus dem Umkreis und aus dem Stadtzentrum an. Wer ein Stück vom beschaulichen Leben abhaben und der stressigen Innenstadt Manchesters entfliehen will, der kommt zur Stippvisite auf die Burton Road. Eine beliebte Adresse ist zum Beispiel **Volta** 1 – je nach Bedarf Café, Restaurant oder Bar – mit stylishem, jedoch urgemütlichem Interieur und überdachter Terrasse. Direkt gegenüber fällt man ins **Mary & Archie** 2, das mit seinen bunten Wänden Hippiecharakter versprüht. Gerne genehmigen sich die Mancunians hier schon nachmittags mal ein Pint Craft Ale.

Eine riesige Auswahl besagten Designer-Hopfens gibt es bei **The Epicurean** 1 ein paar Häuser weiter. Der kleine Fachhandel für »Genusssüchtige« an der Ecke Burton Road und Bottesford Avenue verkauft ungewöhnliche Biersorten aus aller Welt, wobei die Auswahl an Lokalgebrautem besonders interessant ist. Zum Sortiment zählen in Manchester verwurzelte Gerstensaftspezialisten wie Shindigger, Cloudwater, Northern Monk Brewery oder die Burton Road Brewing Co. Das Flair der Burton Road bestimmt jedoch weit mehr als Niedrigprozentiges. Individuelle Geschäfte wie **Moth** 2 sind wahre Kundenmagneten. Hier findet man minimalistische Einrichtungsgegenstände, Schmuck, Taschen, Keramik. **Steranko** 3 ist ein Boutique-Urgestein, das lässige Mode für Männer und Frauen anbietet.

Nur mal gucken – das lohnt sich auf der Burton Road auch in Sachen Street-Art. Über der Eisenwarenhandlung G. T. Blaggs hat sich ein riesiger bunter Vogel, **»The Guardian«** 1, des Graffiti-Künstlers Mateus Bailon eingenistet. Das Schnabelmotiv wiederholt sich an der Hauswand des Cafés Folk. Hier hat ein Sprüher mit dem Pseudonym Phlegm schwarz-weiße, abstrakte **»Bird Towers«** 2 aus dem Bürgersteig wachsen lassen.

Hinkommen: Didsbury als Stadtteil zu bezeichnen, ist vielleicht etwas irreführend. Es gleicht vielmehr einem urbanen Dorf, das sich wiederum in verschiedene Areale unterteilt. Insgesamt vier Haltestellen fährt die Tram in Didsbury an: Burton Road, West Didsbury, Didsbury Village und East Didsbury. Von Stopp zu Stopp wird die Umgebung grüner. Und kleinstädtischer. Am besten, Sie steigen an der Burton Road aus und erkunden Didsbury von dort aus zu Fuß.

In **West Didsbury** verstecken sich Meilensteine der Musikgeschichte. In einer Wohnung an der **86 Palantine Road** 6 haben Tony Wilson und Alan Erasmus 1979 das Label **Factory Records** gegründet, das das weltberühmte Joy-Division-Album »Unknown Pleasures« produzierte. Und an der **8 Stratford Avenue** 7 erleben Oasis-Fans ein Déjà-vu: In diesem unscheinbaren Reihenhaus, das das Gründungsmitglied Paul ›Bonehead‹ Arthur bewohnte, hat die Band das Album-Cover von »Definitely Maybe« sowie einige Szenen für das Video zu »Shakermaker« aufgenommen.

Wenn es dunkel wird, verwandelt sich die Burton Road zur Partymeile. In den winzigen Bars wie **The Drawing Room** 1 klappern dann die Cocktailmixer zu Brit-Pop-Hits aus der Jukebox. Bei Einheimischen ist die Burton Road auch dann eine beliebte Alternative zum bisweilen übersättigten Nachtleben in der City.

Wo Manchesters Upper Class haust

Den Osten und den Westen Didsburys trennt das **Didsbury Village.** Von der Burton Road nach East Didsbury gelangen Sie per Straßenbahn oder zu Fuß über die **Barlow Moor Road.** Erstere Option spart Zeit, doch der etwa 40-minütige Spaziergang, vorbei an prächtigen Häusern zum Millionenpreis, bietet interessante Einblicke in Manchesters Upper Class. Statten Sie der im gotischen Stil gebauten **Bücherei** 3 einen Besuch ab, die seit 1915 an der Wilmslow Road liegt. Dass sich Lesen und Kulinarik gut verträgt, beweist **The Art of Tea** 3. Dort gibt es nicht nur eine exzellente Tee-Auswahl, das Café beherbergt gleichzeitig den **Didsbury Bookshop,** durch dessen Sortiment Kunden bei einer Tasse Earl Grey stöbern können.

In **East Didsbury** stoßen Sie auf einige Feinkostläden, wie den Käse-Experten **Cheese Hamlet** 4 oder die französische Bäckerei **La Chouquette** 5. Wie wäre es mit etwas Proviant für die nächste Station, den **Fletcher Moss Botanical Gardens** 4? Der facettenreiche Park liegt zwischen dem Fluss Mersey und dem Waldstück Stenner Woods. Etwa 15 Minuten braucht man von der High Street in East Didsbury bis zum Eingang. Hinter den Toren warten wunderschön angelegte Wege durch sattes Grün und ein gemütliches Café. Benannt ist der Park nach seinem Finanzier Fletcher Moss, der ihn 1915 der Stadt vermachte. Es wird flaniert – mit oder ohne Hund – und Tennis-, Rugby- und Fußballfelder locken Sportliche an.

UM DIE ECKE

Der Spaziergang vom Fletcher Moss Botanical Gardens lässt sich zum **Chorlton Waterpark** 5 (74 Maitland Avenue) ausdehnen. Wenn Sie dem Fluss Mersey in Richtung Westen folgen, dauert es etwa eine gute Stunde, bis sie den von einem Waldstück eingerahmten See erreichen.

INFOS/ÖFFNUNGSZEITEN

Didsbury Library 3: 692 Wilmslow Road, Mo–Di 9–20, Do–Sa 9–17 Uhr
Fletcher Moss Botanical Gardens 4: 18 Stenner Lane, www.fletchermossgardens.org.uk, tgl. 8–17 Uhr, Eintritt frei

SHOPPING-VERLOCKUNGEN

The Epicurean 1: 226 Burton Road, www.theepicureanbeers.co.uk, Mo–Mi 12–20, Do–Sa 11–21, So 12–19 Uhr
Moth 2: 154 Burton Road, www.mothstyle.com, Di–So 11–17 Uhr
Steranko 3: 172 Burton Road, www.steranko.co.uk, Mo–Fr 10.30–18, Sa 10–17.30, So 11.30–16.30 Uhr

KULINARISCHES FÜR ZWISCHENDRIN

Volta 1: 167 Burton Road, www.voltafoodanddrink.co.uk, Mo–Do 12–24, Fr–Sa 12–1, So 12–22.30 Uhr
Mary & Archie 2: 200 Burton Road, www.maryandarchiemcr.co.uk, Mo–Do 10–23, Fr–Sa 10–24, So 12–22 Uhr
The Art of Tea 3/Didsbury Bookshop: 47 Barlow Moor Road, www.theartoftea.co.uk, Mo–Sa 9–22, So 10–21 Uhr
Cheese Hamlet 4: 706 Wilmslow Road, https://thecheesehamlet.co.uk, Mo–Fr 9–16.30, Sa 8.30–16.30 Uhr. Neben allerhand Käsesorten auch lokale Spezialitäten wie Black Pudding.
La Chouquette 5: 812a Wilmslow Road, Di–So 7–16 Uhr
Wer vor Fletcher Moss nicht mehr zum Proviantkaufen kommt: Keine Sorge, der Park verfügt über ein Café. Im **Alpine Tea Room 6** serviert das Personal hungrigen Spaziergängern Kuchen, Sandwiches und Salate.

AUSGEHEN

The Drawing Room 1: 148B Burton Road, Mo–Do 16–1, Fr 16–2, Sa 14–2, So 14–24 Uhr

Cityplan 3, B3 | Tram: Burton Road, East Didsbury

Landluft schnuppern – **im Lyme Park**

Grasende Tiere auf Hügellandschaften. Klare Sicht und frische Luft. Für diese Dinge muss man nicht weit aus Manchester herausfahren. Schon ein paar Stationen mit dem Zug reichen, um sich wie mitten auf dem Land zu fühlen. Der Lyme Park in Disley bietet darüber hinaus turnschuhfreundliche Spazierwege, ein Hirschgehege und ein filmreifes Herrenhaus. Da könnte man glatt die Stadt vergessen – würde sich hier nicht so ein fantastischer Blick auf ihre Silhouette bieten.

Mit schönen Grüßen von Mr. Darcy: In der BBC-Verfilmung von Austens »Stolz und Vorurteil« mit Colin Firth doubelte Lyme Hall dessen Herrerhaus Pemberly.

Ein kompletter Szenenwechsel in weniger als 30 Minuten. Sie verlassen die wuselige Großstadt vom Bahnhof **Manchester Piccadilly** aus und brechen in den ländlichen Nachbarbezirk **Cheshire** auf. Ohne Umsteigen gelangen Sie nach **Disley,**

eine Kleinstadt am Fuße des **Nationalparks Peak District.** Ganz typisch für die Gegend: schiefergedeckte Häuser, urige Pubs und schlammbespritzte Geländewagen. Das Besondere am Dorf ist der **Lyme Park** – ein 5,5 km² großes Anwesen mit Moorlandschaft, Wildgehege und einem Herrenhaus, das einst die Adelsfamilie Legh bewohnte.

Vom Adelssitz zum Ausflugsziel

Die Geschichte der Legh-Dynastie reicht bis ins Mittelalter zurück. Bereits im späten 14. Jh. nannten die Leghs Lyme Park ihr Eigen. Beinahe 20 Generationen lang blieb das Anwesen in Familienhand. Erst kurz nach dem Zweiten Weltkrieg endete diese Ära: 1946 stiftete Baron Newton III. alias Richard Legh das Gut der gemeinnützigen Organisation National Trust, die es seither pflegt und für Besucher öffnet. Gesundheit, Bildung und Vergnügen der Menschen wollte der Baron mit seinem großzügigen Geschenk fördern. Anscheinend hatte seine Absicht Erfolg. Für viele Städter ist der Lyme Park heute ein so beliebtes Ausflugsziel, dass an Wochenenden hier manchmal die Parkplätze knapp werden können.

Weitsicht aus dem Gefängnis

Von der **Zugstation Disley** aus ist der Lyme Park gut ausgeschildert und nach etwa 15 Gehminuten zu erreichen. Durch ein kleines **Tor** 1 am Seiteneingang stoßen Fußgänger auf die Haupteinfahrt des Anwesens. Hier gibt es zwei Optionen: Entweder Sie erklimmen die etwa 1,5 km lange Anhöhe zum Herrenhaus selbst oder lassen sich von dem hin-und herpendelnden Shuttlebus kutschieren. Wer sich für die erste Variante entscheidet, geht am besten seitlich den Hang hinauf.

Ja, Sie sehen richtig: Im Lyme Park leben Rothirsche!

Dort oben wartet eine Belohnung. Einer der Gründe, weshalb die Mancunians den Lyme Park so lieben, ist die grandiose Aussicht auf ihre Heimatstadt, die sich von hier aus bietet. Am besten ist der Blick von **The Cage** 2. Erbaut im frühen 18. Jh., wurde der Turm zunächst als Jagdhaus, später als Wohnung der Parkaufseher und schließlich als Gefängnis genutzt. An klaren Tagen sind die Silhouetten der höchsten Landmarken – etwa die des Beetham Tower und der Zwillingstürme West and South Towers – aus dem

In der BBC-Verfilmung des Austen-Klassikers »Stolz und Vorurteil« gibt es eine legendäre Szene, in der Mr. Darcy mit klatschnassem Hemd einem See entsteigt. Zur Feier des 200. Jubiläums der Romanveröffentlichung im Jahr 2013 hatten Bildhauer ein 3,70 m großes **Darcy-Double** aus Fiberglas angefertigt. Zunächst fand die Statue im Londoner Hyde-Park ein Zuhause und zog anschließend am Originaldrehort im Lyme Park ein. Ein Dreivierteljahr lang ragte der Fiberglas-Firth aus dem Weiher hinter der Südfassade, bis eine australische Stiftung den romantischen Riesen kaufte und ihn die örtliche Bergwacht abmontierte.

ehemaligen Kerker besonders gut zu erkennen. Wenn Sie es schaffen, den Blick von der fernen Großstadt abzuwenden und ihn in Richtung Peak District zu lenken, entdecken Sie eine weitere Attraktion: den bereits im 14. Jh. angelegten **Rehpark** 3, wo majestätische Rothirsche grasen. Auf angrenzenden Weiden fühlen sich außerdem Hochlandrinder und Schafe wohl.

Date mit Mr. Darcy

Auch vom Turm aus zu sehen: **Lyme Hall** 4, der Landsitz der Leghs. Ein kolossales Gebäude. Es ein Haus zu nennen, gleicht einer Untertreibung. Im späten 16. Jh. wurde das Gut im elisabethanischen Stil gebaut, im frühen 18. Jh. vom italienischen Architekten Leoni um barocke Elemente ergänzt. Folgende Legh-Generationen beauftragten wiederum weitere Architekten, die die Innenräume veränderten, weitere Zimmer anbauten und **Gärten** 5 anlegten. So finden sich auf der Hinterseite des Hauses bis heute 6 ha liebevoll gepflegtes Grün mit dichtem Rasen, ein holländischer Garten mit Springbrunnen, Blumenbeeten, Rosen- und Rhododendronbüschen.

Wundern Sie sich übrigens nicht, sollte Ihnen dieser Ort bekannt vorkommen. Der Landsitz hat schon als Kulisse für so manchen historischen Film hergehalten. Der bekannteste: »Stolz und Vorurteil«. In der BBC-Adaption des Epochenromans von Jane Austen gibt Lyme Park den Landsitz der Hauptfigur Mr. Fitzwilliam Darcy, gespielt von Colin Firth. Gegen eine Gebühr von 10 £, die der Erhaltung des Gebäudes zukommt, können Sie sich das Haus und die Gärten ansehen. In den detailgetreu restaurierten Gemächern finden sich Gemälde, Kleidung, Möbelstücke und Haushaltsgegenstände, die Gäste in eine Zeit mitnehmen, in der die Leghs an gigantischen Holztafeln speisten.

Kostenfrei ist der Zugang zum Innenhof des Landsitzes. Von hier aus finden Sie alle wichtigen Anlaufpunkte: Links geht's in die ehemaligen Legh-Gemächer, rechts zum Ticketschalter und zum Souvenirshop, in dem sich ein ganzes Regal mit Darcy-bedruckten Tassen, Ansteckern und Postkarten findet. Und wer sein cineastisches Gedächtnis noch einmal auffrischen will: Die DVD gibt's hier auch zu kaufen.

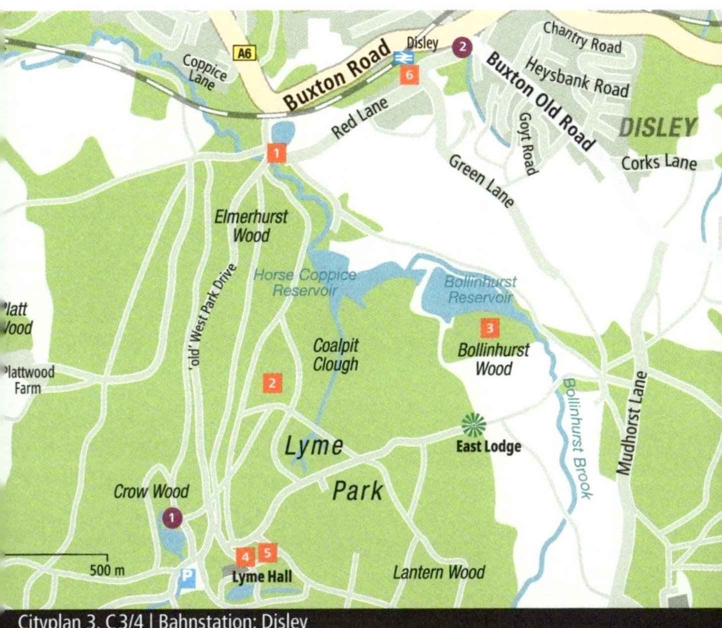

Cityplan 3, C3/4 | Bahnstation: Disley

INFOS/ÖFFNUNGSZEITEN

Lyme Park: April–Okt. tgl. 8.30–20 Uhr, Nov.–März tgl. 8.30–17 Uhr, Eintritt frei
www.nationaltrust.org.uk/lyme: für individuelle Öffnungszeiten von **Lyme Hall** 4 und **Gärten** 5 sowie Gastronomie und Shops
The Cage 2: April–Okt. am 1., 2. und 4. Samstag jeden Monats geöffnet

KULINARISCHES FÜR ZWISCHENDRIN:

Wer sich nicht mit genügend Proviant ausgestattet hat, kann sich in der **Servant's Hall** am Eingang des Gutshauses mit Gebäck und Getränken eindecken. Gleiches gilt für das **Kiosk** direkt neben dem Hauptparkplatz. Warme Gerichte, Suppen, Salate und Kuchen gibt's im **Timber Yard Café** 1 (tgl. 11–16 Uhr).

UM DIE ECKE

Der Spaziergang lässt sich ideal mit einem Abstecher in das beschauliche **Disley** 6 abrunden. Der Ort bietet einige Restaurants und traditionelle Land-Pubs, die noch viel uriger sind, als ihre städtischen Verwandten. Gemütlich geht's etwa im **The Rams Head** 2 zu. Hier lässt man den Tag im Grünen ganz typisch englisch bei Pint und Pie ausklingen (Buxton Road West, www.theramsheaddisley.co.uk, Mo–Fr 12–23, Sa 9–23, So 9–22.30 Uhr).

EINTRITTSKARTEN *in eine andere Welt ...*

Fußballgeschichte, Dinoknochen und ein Ohr ins Universum: meine Favoriten von Manchesters bunten und skurrilen Museen.

UND JETZT ENTSCHEIDEN SIE!

National Football Museum
tgl. 10–17 Uhr
12 £, Kinder 7 £

Trikots von Weltstars bestaunen, Torwandschießen, mit Pokalen posieren – das Haus zeigt das Beste, was der englische Fußball zu bieten hat, setzt sich aber auch kritisch mit Spiel- und Fankultur auseinander.
E/F 2, www.nationalfootballmuseum.com

JA NEIN

People's History Museum
Mi–So 10–17 Uhr, Ferien tgl., Eintritt frei

Die Sammlung aus Plakaten, Streikzetteln, Feministen-Flaggen erteilt eine Lektion darin, wie Demokratie über den Wahlgang hinaus gelebt werden kann. Britische Protestkultur at its best – und typisch Manchester.
C 4, www.phm.org.uk

JA NEIN

The Lowry
Di–Fr 11–17, Sa–So 10–17 Uhr, Eintritt frei

Theater, Konzertsäle ... und mehrere Galerien. Benannt nach dem in Salford aufgewachsenen Maler Lawrence Stephen Lowry, dessen Werke in der dritten Etage des Gebäudes ausgestellt werden.
Karte 2, A 4, www.thelowry.com

JA NEIN

Manchester Museum
Mi–So 11–16 Uhr (wird derzeit renoviert, Wiedereröffnung Februar 2023)
Eintritt frei

Das Museum ist Teil der University of Manchester, zeigt u. a.Dinoknochen, Relikte aus dem alten Ägypten sowie Zeitzeugnisse aus Fernost – und erinnert etwas an »Nachts im Museum«.
Karte 2, G 5, www.museum.manchester.ac.uk

JA NEIN

Elizabeth Gaskell House
Mi–Do, So 11–16.30 Uhr
6,50 £, Kinder bis 16 Jahre frei

JA NEIN

Liebevoll hat man die Räume der viktorianischen Schriftstellerin Elizabeth Gaskell restauriert. Alles wirkt so, als habe die 1865 verstorbene Autorin nur mal eben den Raum verlassen.
Karte 2, H 5, www.elizabethgaskellhouse.co.uk

Greater Manchester Police Museum & Archives
Di 10.30–16 Uhr
Eintritt frei

JA NEIN

Einmal ins Kittchen und wieder raus – das geht nirgends so einfach wie in der alten Polizeiwache des Northern Quarter. Originaluniformen, Motorräder und Zellen zeigen, wie früher Polizeiarbeit in Manchester aussah.
H 4, www.gmpmuseum.co.uk

The Pankhurst Centre
Do, So 11–16 Uhr
Eintritt frei

JA NEIN

Willkommen am Geburtsort der Suffragetten-Bewegung, im Zuhause der Urfeministin Emmeline Pankhurst, die Anfang des 20. Jh. mit ihrem Kampf für die politische Beteiligung von Frauen die Welt verändert hat.
Karte 2, H 5, www.pankhursttrust.org

Manchester Jewish Museum
tgl. 10–17 Uhr
6 £, erm. 5 £, Kinder bis 4 Jahre frei

JA NEIN

Zufluchtsgeschichten werden multimedial und emotional erzählt. Das eindrucksvolle Gebäude vereint einen modernen Kupferkorpus und die restaurierte Synagoge aus dem 19. Jh.
Karte 3, B 2, www.manchesterjewishmuseum.com

Jodrell Bank Discovery Centre
27. Juli–5. Sept. tgl. 10–17, sonst Di–So
12 £, erm. 10 £, Kinder bis 4 Jahre frei

JA NEIN

Das Observatorium ist UNESCO-Weltkulturerbe und gewährt Gästen Einblicke in seine All-Forschungen. Hauptattraktion: das Lovell-Radioteleskop, mit dem sich außerirdische Strahlungen beobachten lassen.
Karte 3, B 4, www.jodrellbank.net

Manchesters Museumslandschaft

Mit den Megakunsthäusern wie der Tate Modern oder dem Victoria & Albert Museum in London können die Sammlungen im Norden nicht ganz mithalten. Dafür zeigen sich Manchesters Museen – passend zu ihrer Heimatstadt – volksnah, zugänglich und mit lokalem Fokus. Das **Museum of Science and Industry** (► S. 63) zum Beispiel präsentiert den hausgemachten Fortschritt in Form von Maschinen, Motoren und Technologien. Das **Manchester Jewish Museum** (► S. 79) widmet sich ganz persönlichen Einwanderergeschichten und wie diese die Stadt geprägt haben. Und im **People's History Museum** (► S. 78) stehen Demokratie und Volkswille im Zentrum. Alle zwei Jahre übernimmt Manchester jedoch das nationale Kulturzepter: Zum renommierten **Manchester International Festival – MIF** (https://mif.co.uk) pilgern Film-, Kunst-, und Theater-Fans aus dem ganzen Königreich in den Norden.

TIPPS FÜR DEN MUSEUMSBESUCH

Im Internet: www.visitmanchester.com (unter »Museums and Galleries«)

Öffnungszeiten: Nachts im Museum? Fehlanzeige. Die meisten Häuser haben nur bis zum späten Nachmittag geöffnet. Dafür jedoch oft sieben Tage die Woche.

Freier Eintritt: Staatliche Museen und Galerien in Großbritannien finanzieren sich durch Spenden. Das heißt, der Eintritt ist in diesen Institutionen frei. Manche Häuser verlangen, dass Besucher ihr Gratisticket im Vorhinein buchen.

Werke der einheimischen Malerin Annie Swynnerton stellte die Manchester Art Gallery 2018 in einer Sonderschau aus.

Kirchen mit Zapfhahn – Manchesters Heritage Pubs

Es Kneipenkultur zu nennen, wäre eine Untertreibung. Vor allem die sogenannten Heritage Pubs sind echte historische Institutionen. In Manchester gibt es davon mehr als 100. Vor einigen Jahren wurden sie sogar alle auf einer Karte verewigt. Weil man wohl mehrere Wochen und eine zweite Leber bräuchte, um sie alle abzuklappern, gibt's hier eine Auswahl der Sehenswertesten.

Grün gefliester Kult

The Peveril of the Peak 🕮 E 7

Das »Pev« wird manchmal spöttisch als Manchesters schönste Toilette bezeichnet. Der Pub aus dem frühen 19. Jh. ist nämlich bis zum Dach in verschiedenen Grüntönen gefliest. Wegen der skurrilen Fassade und seiner niedrigen Bauart sticht er deutlich aus der Masse der später gebauten Klinkerriesen an der Great Bridgewater Street heraus. Draußen gibt's Geranienampeln und Sitzbänke – drinnen Tischkicker und Jukebox. Bemerkenswert ist auch die Pub-Besitzerin: Nancy ist seit mehr als 50 Jahren Chefin hier.

127 Great Bridgewater St., tgl. 12–23 Uhr

Kuschelig

Circus Tavern 🕮 F 6

Ebenfalls ganz schön schräg und dazu einer der kleinsten Pubs Großbritanniens. Die Theke nimmt beinahe den ganzen Raum ein, sprich: Bei mehr als acht Gästen wird's eng.

86 Portland St., Mo–Fr 14–23, Sa 11–23, So 12–22.30 Uhr

Kneipe mit Kathedralencharakter

The Crown & Kettle 🕮 H 3

Wenn ein Pub den Namen »Kathedrale der Biere« verdient hat, dann dieser. Die Decke des 1734 errichteten Gebäudes erinnert an eine verfallene Kirche. So schön, dass man beim Betrachten glatt Nackenstarre bekommt. Gemütlichkeit kommt in der sakralen Kneipe trotzdem auf. Zum Beispiel bei einer Runde Jenga im Hinterzimmer.

2 Oldham Road Ancoats, www.thecrownandkettle.com, So–Do 12–23, Fr–Sa 11–24 Uhr

Uriger Szenetreffpunkt

The Castle Hotel 🕮 H 3

Durch die angelaufenen Scheiben deuten sich gedimmtes Licht und an den Tresen gelehnte Gestalten an. Tür auf. Einatmen. Der Geruch von Bier und Spülmittel vermischt sich in der Nase. Willkommen in einem der ältesten Heritage Pubs Manchesters. Das Castle, wie die Einheimischen es nennen, schenkt seit 1776 aus. Am Interieur hat sich seither zwar augenscheinlich nichts verändert – gekachelte Theke, stuckverzierte Decke – dennoch ist dieser Pub alles andere als verstaubt: Im Hinterzimmer treten mehrmals die Woche aufstrebende Musiker auf. Das Publikum ist wild gemischt, Student trifft Altrocker.

66 Oldham St., www.thecastlehotel.info, So–Do 12–1, Fr–Sa 12–2 Uhr

EIN WENIG PUB-IKETTE

Man ordert am Tresen und zahlt sofort, oft bargeldlos, Trinkgeld ist kein Muss. Oft gibt es Biersorten kleiner Brauereien, die Namen stehen am Zapfhahn, probieren Sie ruhig vorm Kauf. Ein übergestülptes Glas auf dem Hahn heißt: leer!

Musikmekka Manchester

Joy Division, The Smiths, The Stone Roses, Oasis: Gemessen an seiner Größe hat Manchester ordentlich viele erfolgreiche Bands hervorgebracht. Auf ihre Stars sind die Mancunians superstolz. Die Legenden von damals dröhnen aus Lautsprechern, Autoradios und Jukeboxen, werden als Botschafter ihrer Heimat gefeiert, ihre Hits sind Hymnen der Stadt. Proberäume, Tonstudios, Foto- und Videokulissen sind heute wahre Pilgerstätten. Und Manchester damit ein Mekka für Musikfans.

Wo die Gallaghers Platten shoppen

Sifters Records Karte 3, B 3

Sifters Records im Stadtteil Burnage wirkt wie ein ziemlich normaler Plattenladen. Weit gefehlt: Er ist ein Zahnrad in Manchesters Musikgeschichte. Hier haben die Gallagher-Brüder ihre ersten Vinylscheiben gekauft – lange bevor sie mit ihrer Band Oasis zu Weltstars wurden. Einige Jahre später haben sich die Britpop-Bengel dann in dem Song »Shakermaker« bei ihrem lokalen Plattendealer bedankt: »Mr. Sifter sold me songs when I was just 16«, nuschelte Liam ins Mikrofon und verpasste dem Händler einen bis heute anhaltenden Kultstatus.

177 Fog Lane, www.sifters-records-manchester.co.uk, Mo–Di, Do–Sa 13–17.30 Uhr

Posen wie Morissey

Salford Lads Club Karte 2, C 3

Nur eine grüne Tür? Nein, der Eingang zum Salford Lads Club ist mehr als das. Diese Tür am St. Ignatius Walk ist ein Stück Musikgeschichte. Einst posierte die Manchester-Band The Smiths für ein Albumcover davor und machte sie weltberühmt. Seither reisen Fans aus der ganzen Welt nach Salford, um es Morrissey und seinen Kollegen nachzutun. Hinter der Tür verbirgt sich ein urtraditioneller und für englische Arbeiterstädte typischer Freizeittreff, der 1903 zunächst als reiner Jungenklub öffnete. Heute ist im Salford Lads Club jeder willkommen, der sich an seinen sportlichen und sozialen Aktivitäten beteiligen will. Und für eine ganz persönliche Version des berühmten Smiths-Fotos muss man nicht mal über die Schwelle treten.

St. Ignatius Walk, www.salfordladsclub.org.uk, Mi, Sa 11–14 Uhr oder auf Anfrage per E-Mail

Das Video zu »Shakermaker« von Oasis spielt u. a. hinter dem Elternhaus der Gallaghers in Burnage, auf einem Sportplatz in Didsbury und, na klar, bei Sifters Records.

Morbide Pilgerstätte

Grab von Ian Curtis Karte 3, außerhalb B 4

Ebenfalls Zugkraft hat die Ruhestätte von Ian Curtis für dessen Anhänger. Der Sänger der 1978 in Manchester gegründeten Postpunk-Kultband Joy Division nahm sich 1980 mit gerade einmal 24 Jahren das Leben. Obwohl die Gruppe in ihrer kurzen Laufbahn nur zwei Alben veröffentlichte, wurde sie weltberühmt. Treue Fans besuchen bis heute das Grab des Frontmanns auf dem **Macclesfield Cemetery** etwas außerhalb von Manchester. Der kleine Gedenkstein trägt die Aufschrift: »Love will tear us apart« – der Titel der erfolgreichsten Single. Die

Manchester ist musikverrückt. Gute Plattenläden dürfen da natürlich nicht fehlen. Piccadilly Records (▶ S. 99) im Northern Quarter öffnete 1978 seine Türen und ist mittlerweile Kult.

drei verbliebenen Bandmitglieder haben sich nach der Tragödie übrigens wieder zusammen getan. Diesmal unter dem Namen New Order.

Prestbury Road, Macclesfield, April–Sept. 8–19.30, Okt.–März 8–17.30 Uhr, Anfahrt mit dem Zug von Piccadilly Station bis Macclesfield, von hier aus zu Fuß erreichbar

Ab in den Tourbus

Manchester Music Tours

Für diejenigen, die sich noch intensiver mit Manchesters Musikgeschichte auseinandersetzen wollen, sind die Manchester Music Tours zu empfehlen. Dabei fährt man in einem gelben Van die wichtigsten Stationen der lokalen Bands ab und bekommt intime Einblicke in Herkunft, Vergangenheit und Inspiration der Musiker. Die Tour ist auch deshalb so gut, weil sie von einem Insider der Szene ins Leben gerufen wurde. Craig Gill war Schlagzeuger bei den in den 1990er-Jahren berühmten Inspiral Carpets, für die Noel Gallagher einst als Roadie anpackte. Anekdoten und Referenzen stammen daher praktisch aus erster Hand. Leider ist Gill im Jahr 2016 verstorben. Seine Frau Rose führt seitdem die Touren weiter.

Mehr Infos und Tickets für 30 £ gibt es unter www.manchestermusictours.com

FILMTIPP

»24 Hour Party People«

Wer mehr über den Auf- und Abstieg des legendären Manchester Plattenlabels Factory Records (▶ S. 72) und dessen 1982 nahe Deansgate eröffneten Club Fac 51 Haçienda erfahren will, sollte sich diesen Film ansehen. Mit Bands wie New Order, A Certain Ratio und Happy Mondays definierte Factory Records elektronische Musik neu und war ein wichtiger Bestandteil der sich in den 1980er-Jahren in Manchester entwickelnden Rave-Kultur. Die Haçienda wurde zu einem der legendärsten Clubs der Stadt, der nicht nur eine ganze Generation Jugendlicher, sondern auch die sogenannte Madchester-Ära prägte. Das Label ging 1992 bankrott, 1997 musste der Club wegen Drogenskandalen schließen – die Legende lebt weiter.

Pause. Einfach mal abschalten

Wenn die Mancunians eine Pause wollen, fliehen sie aufs Land. Genauer: In den Peak District (www.peakdistrict.gov.uk). Manchesters Haus- und-Hof-Nationalpark lockt an Wochenenden zum Wandern, Radfahren, Durchatmen. Wer Erholung sucht, muss jedoch nicht gleich in den Zug steigen. Im Zentrum gibt es jede Menge Orte, die Entspannung bieten. Zum Beispiel Europas größte öffentliche Grünfläche …

Auftanken im Grandhotel

Rena Spa im Midland Hotel 🕮 E 6

Entspannen, wo die Queen übernachtete. Das Midland Hotel am St. Peter's Square beherbergt ein luxuriöses Spa im Untergeschoss, das auch für Nicht-Gäste zugänglich ist. Einen Nachmittag mit Sauna und Dampfbad gibt es ab 30 £. Tipp: Die Hänge-Nester im Ruheraum liefern ultimative Zen-Atmosphäre.

Peter St., T 0161 932 40 86, www.themidlandhotel.co.uk/spa

Schlendern, schauen, schlemmen

Altrincham Market 🕮 Karte 3, A 3

Der Vorort Altrincham ist wegen seines mehrmals in der Woche stattfindenden Markts bekannt. In der restaurierten Markthalle bieten verschiedene Stände eine Bandbreite an Gerichten an: von italienisch über mexikanisch bis vietnamesisch. Und draußen kann man durch die Standreihen voll mit Antikem, Haushaltsgegenständen, Blumen und Klamotten schlendern.

Greenwood St., Di, Do–So ca. 8–16 Uhr, www.altrinchammarket.co.uk; **Anfahrt:** Mit der violetten und der grünen Metro-Linie fahren Sie bis zur Endstation Altrincham. Von dort aus sind es etwa fünf Minuten zu Fuß.

Alternative Bummelei

Beech Road 🕮 Karte 3, B 2

Gemütliches Bummeln abseits der Großstadt geht am besten auf der Beech Road in Chorlton. Am unteren Ende Wohngebiet, am oberen Indie-Shop-Paradies. Kleine, ungewöhnliche Läden säumen die Beech Road, dazwischen drängt sich der ein oder andere Pub. Und weil die Geschäfte hier auch am Sonntag aufhaben, ist Chorlton der perfekte Ort, um das Wochenende ausklingen zu lassen.

Anfahrt: Am einfachsten gelangt man übrigens von Piccadilly Gardens aus mit dem Bus 85 nach Chorlton. Der hält direkt am Fuße der Beech Road. Ansonsten geht's auch mit der Tram in Richtung Süden. Ausstieg: Chorlton.

Fernöstliche Entspannung

Sarasin Spa 🕮 H 3

Bei einer Thai-Massage kann man im Sarasin Spa seine vom Sightseeing müden Beine durchkneten lassen. Das Studio befindet sich in einem niedlichen Klinkerbau im Northern Quarter. Räume und Mitarbeiterinnen strahlen absolute Gelassenheit aus. Bitte an Bargeld denken.

4 Bradley St., T 0161 237 3673, www.sarasinmassagespa.co.uk, Mo–Sa 10–20, So 11–9 Uhr

Richtig meditieren lernen

Manchester Buddhist Centre 🕮 G 3

Nachhilfe in Sachen Achtsamkeit und Tiefenentspannung vermittelt das Manchester Buddhist Centre. Das Kulturzentrum, das zwischen der Shoppingmall Arndale und dem Northern Quarter liegt, öffnet zur Mittagspause seine Türen zur gemeinschaftlichen Meditation. Außerdem bietet geschultes Personal Kurse an, bei denen man traditionelle Atemtechniken und Grundlagen des Buddhismus erlernen kann.

16–20 Turner St., T 0161 834 92 32, www.manchesterbuddhistcentre.org.uk, Di–Do 11–15, Sa 10.30–14.30 Uhr

Mehr als ein Park

Heaton Park 🕮 Karte 3, B 1/2

Picknick gefällig? Wie wär's mit einem Ausflug in den Heaton Park? Europas größte öffentliche Grünfläche misst mehr als 240 ha. Das riesige Areal liegt gar nicht weit vom Stadtzentrum und bietet neben Wiesen auch Cafés, einen Golfplatz, ein stattliches Herrenhaus und einen Streichelzoo mit Ziegen, Kaninchen und Alpakas. Wer will, kann sich am See ein Tretboot leihen oder beim Bowlen eine ruhige Kugel schieben. Der Eintritt in den Park ist frei.

Middleton Road, T 0161 773 10 85, www.manchester.gov.uk/heatonpark, tgl. ab 8 Uhr bis Dämmerung

Kuchen mit Blick ins Grüne

The Whitworth 🕮 Karte 2, H 6

Die Stoffe und Muster, die in der Whitworth ausgestellt sind, haben geradezu hypnotische Auswirkungen auf Betrachtende. Den Kopf kriegt man nicht nur in der wunderbaren Architektur der Galerie frei (► S. 59). Auch der Park drum herum lädt zum Verweilen und Spazieren ein. Und wer noch eine Schippe Entspannung draufpacken will, der bestellt sich ein Stückchen Kuchen im Museumscafé. Ein besonderes Erlebnis mit freiem Eintritt: An ausgewählten Sonntagen geben Studierende des Royal Northern College of Music (www.rncm.ac.uk) um 15 Uhr in der South Gallery ein Konzert mit dem Whitworth Park als Kulisse.

Oxford Road, für aktuelle Daten am besten die Website checken: www.whitworth.manchester.ac.uk/whats-on/events/sunday-concerts, Eintritt frei

Abschalten auf der Eisenbahnbrücke

Castlefield Viaduct 🕮 B 7

In Castlefield gibt es Manchesters Version des New Yorker High Line Park. Ähnlich wie in Manhattan hat man einen Abschnitt der alten Eisenbahntrasse begrünt, mit Bänken bestückt und so zu einem Ruheort mitten in der Stadt verwandelt. Von der Brücke gleich bei der Tramhaltestelle Deansgate–Castlefield aus lässt sich wunderbar das Treiben rund um den Bridgewater Canal beobachten.

Catalan Square, tgl. 11–16 Uhr, Eintritt frei, Tickets müssen zuvor unter www.nationaltrust.org.uk/castlefield-viaduct gebucht werden

So lässt es sich entspannen: Im Café der Whitworth-Galerie meint man mitten in den Bäumen des umgebenden Parks zu sitzen. Darauf ein leckeres Stück Kuchen.

ZUM SELBST ENTDECKEN

Wer nicht mitten in der Innenstadt absteigen will, der sollte sich in Richtung Süden orientieren. Die Stadtteile **Chorlton** und **Didsbury** sind dank Metronetz super angebunden. Außerdem haben die Vororte selbst viel Sehenswertes wie kleine Einkaufsstraßen, hippe Bars und kreative Restaurants zu bieten.
Private Unterkünfte listen Portale wie www.airbnb.de oder www.booking.com. Eine Übersicht der englischen Urlaubsklassiker gibt www.bedandbreakfast.co.uk. Außergewöhnliches wie Jurten, Scheunen oder Baumhäuser – oft etwas außerhalb –, finden sich unter der Adresse www.canopyandstars.co.uk.

PREISE

So viel kostet in etwa ein Doppelzimmer

€	bis 120 €
€€	120–205 €
€€€	über 205 €

Gute Nacht hinter Fabrikfassaden

Eine Spezialität der Mancunians: Sie nehmen etwas Heruntergekommenes und machen etwas Schönes daraus. Nirgends zeigt sich das deutlicher als in der Hotelszene. Seit einigen Jahren verwandeln sich die in der Stadt verteilten Fabrikruinen in coole Unterkünfte. Industrieromantik trifft auf stylishen Komfort. Wo früher Baumwolle gesponnen wurde, werden heute die Betten für Touristen aufgeschüttelt. Als Gast bekommt man so schon beim Einchecken einen Eindruck von Manchesters prosperierender Vergangenheit.

Wer hätte gedacht, dass sich die früheren Produktionsstätten Europas größter Baumwollindustrie einmal so gut als Hotels wiederverwerten lassen würden. Hohe Decken, weite Flächen – die Gebäuderiesen sind ideal für individuelle Raumgestaltung. Wo Backsteine und Stahlkonstruktionen auf weiche Materialien wie Samt, Fell oder Leder treffen, entsteht ein spannender Kontrast. Das Einmaleins des Manchester-Stils beherrschen große Häuser sowie Privatvermieter im Schlaf.

Richtig urig nächtigt es sich überm Pub. Wie an vielen Orten in UK vermieten auch in Manchester Wirte ihre freien Zimmer über dem Kneipenraum an Gäste. Wer jetzt an ungelüftete Schmuddelkammern denkt, irrt gewaltig. Pubs wie das **Abel Heywood** (▶ S. 87) oder das **Oxnoble** (▶ S. 87) können in Sachen Optik und Komfort allemal mit dem Standard von Boutiquehotels mithalten.

Das Betthupferl gibt's im Abel Heywood im Pub.

Alles unter einem Dach
Whitworth Locke Hotel G 7
Wer hier übernachtet, bekommt nicht nur drinnen was fürs Auge. Das Gebäude liegt in einer wunderschön restaurierten Fabrik aus dem 19. Jh. Glanzlicht ist das mit geschwungenem Gusseisen und Glas überdachte Entree, in dem sich Gäste sofort an einer modernen Bar wiederfinden. Außerdem Teil des Komplexes sind ein Co-Working-Space, ein Restaurant sowie ein Café.
74 Princess St., T 0161 823 05 30, www.lockeliving.com, Tram: St. Peter's Square | €

Unten Bier, oben Bett
The Abel Heywood Pub G 3
Man kennt sie, diese typisch englischen Pub-Hotels. Unten wird ausgeschenkt und unterm Dach hat man ein paar Zimmer für Übernachtungsgäste ausgebaut. Stellen Sie sich die Luxusvariante davon vor. Hier sind die Räume im Obergeschoss derart schick zurechtgemacht, dass sie mit jedem Boutiquehotel mithalten können. Wirklich praktisch: Für den abendlichen Schlummertrunk muss man nicht mal das Gebäude verlassen.
38 Turner St., T 0161 819 14 41, www.abelheywood.co.uk, Tram: Exchange Square, Market Street | €

Mitten im Szeneviertel
Selina H 3
Im Treiben des Northern Quarter schläft man vielleicht nicht am ruhigsten. Dafür bietet das Hostel schöne Zimmer zu einem guten Preis an. Das beginnt beim Mehrbettzimmer und geht bis zur Einzelsuite. Alles geschmackvoll möbliert und liebevoll dekoriert. Je nach Budget und Vorliebe findet hier jeder das passende Zimmer. Und das Beste: Man ist gleich mittendrin im Geschehen.
15 Hilton St., T 0161 236 44 14, www.selina.com, Tram: Piccadilly Gardens | €

Am Kanal
YHA Manchester Hostel A 7
Die gute alte Jugendherberge gibt es auch in England und heißt hier Youth Hostel Association, kurz YHA. Wer ein Zimmer bucht, weiß was er kriegt: Klassenfahrtatmosphäre samt Stockbetten und Frühstücksraum für relativ wenig Geld. Dennoch will ich Ihnen die YHA in Manchester empfehlen. Sie ist nicht nur hip und modern ausgestattet, sondern liegt auch direkt an den Kanälen in Castlefield. Von hier aus hat man einen super Ausblick. Die Lage ist außerdem ideal, um die Stadt zu Fuß zu erkunden.
Potato Wharf, T 0345 371 96 47, www.yha.org.uk, Tram: Deansgate-Castlefield | €

Zum Essen, Trinken, Schlafen
The Oxnoble Pub & Hotel B 6
Das Oxnoble in Castlefield ist nicht nur ein entzückender, alter Pub, sondern auch eine gute Adresse zum Übernachten. Zehn zeitlose, aber stilvoll eingerichtete Zimmer haben alles, was man für einen Wochenendtrip braucht: ein gemütliches Bett, kostenloses Internet, Tee, Kaffee und einen Fernseher. Wer vom Tag geschafft ist, braucht nicht lange nach einem Restaurant zu suchen. Eine breite Auswahl an Hausmannskost gibt's direkt im Haus.
71 Liverpool Road, T 0161 834 33 21, www.oxnoblemanchester.co.uk, Tram: Deansgate-Castlefield | €

Frommer Preis
Luther King House Karte 3, B 2
Einen Steinwurf von der wuseligen Curry Mile entfernt, bietet das Luther King House sehr günstige Übernachtungsmöglichkeiten an. Bett und Frühstück gibt es hier schon ab 45 £ für Alleinreisende. Neben den insgesamt 45 Zimmern mit Jugendherbergsflair verfügt das christliche Zentrum über Konferenzräume, einen malerischen Garten und einen Speisesaal.
Brighton Grove, T 0161 224 64 04, www.lutherkinghouse.co.uk, Bus 143 bis Haltestelle Grangethorpe Road | € (inkl. Frühstück)

Im Konzept versinken
The Alan Hotel F 6
Weiche Sofas, raue, unverputzte Wände – das Alan Hotel gleich um die Ecke vom St. Peter's Square ist für alle das Richtige, die etwas für modernes Design übrighaben oder Inspirationen für ein

Renovierungsprojekt suchen. Von der japanischen Teetasse bis zur organischen Handseife: Hier läuft wirklich alles nach Konzept »Hip«. Der gute Stil zieht sich durch die auf sechs Stockwerke verteilten Zimmer und die hoteleigene Bar, an der auch Einheimische gern mal bei einem Drink abhängen.
18 Princess St., T 0161 236 89 99, www.thealanhotel.com, Tram: St. Peter's Square | €

Großstädtisch
Hotel Brooklyn F 6
Manch einer sagt, Manchester habe etwas von Brooklyn. Vor allem das Northern Quarter mit seinen Backsteinhäusern und den schmiedeeisernen Feuertreppen erinnert an das hippe Viertel in New York. An der Ästhetik dieses Stadtteils hat sich das Hotel Brooklyn an der Portland Street orientiert und seine Zimmer mit industriell inspirierter Dekadenz eingerichtet. Klinker und Stahl treffen auf Leder, Samt und Mosaikfliesen. Das Konzept zieht sich auch durch die Cocktailkarte der hoteleigenen Bar. Die Lage zwischen Gay Village und Chinatown gibt der Unterkunft eine Extraportion Großstadtflair.
59 Portland St., T 0161 518 29 36, www.hotelbrooklyn.co.uk, Tram: Piccadilly Gardens | €

Pool mit Ausblick
King Street Townhouse E 5
Dieses Hotel ist für traumhafte Blicke auf den Glockenturm des Rathauses von Manchester bekannt. Und zwar vom Infinity-Pool aus. Ja, das King Street Townhouse hat im siebten Stock ein Becken, das in den Horizont zu schwappen scheint. Das ist natürlich eines der schönsten Fotomotive der Stadt. Ansonsten hat es noch ziemlich schicke Zimmer, einen Spa-Bereich und eine Afternoon-Tea-Lounge zu bieten.
10 Booth St., T 0161 667 07 07, www.kingstreettownhouse.co.uk, Tram: St. Peter's Square | €€

Wasserbett
Sara's Narrowboat A/B 7
Eines der Herbergenjuwele, die sich auf Airbnb finden lassen, ist das schmale Hausboot von Sara. Es ankert im Bridgewater Canal in Castlefield, und ist eine wunderbar aufregende Alternative zum Standardhotel. Das Boot verfügt über eine gut sortierte Bar und einen Holzofen. Bei Sonne lässt es sich herrlich auf der kleinen Terrasse auf dem Bug aushalten. Wenn es regnet, hört man im Bett den Tropfen beim Prasseln zu. So idyllisch.
Castlefield, Buchung über airbnb.com, Stichwort »Boutique City Centre Narrowboat«, Tram: Deansgate-Castlefield | €€

Hinter Fabrikmauern
The Cow Hollow Hotel H 4
Die Hülle des Boutiquehotels mit 16 individuell eingerichteten Zimmern gehörte einst zu einer Textilfabrik aus dem 19. Jh. mitten im Northern Quarter. Die Zimmer: gemütlich, exotisch, mit nostalgisch-industriellem Charme. Backstein wird kombiniert mit Kuhfell und Tropenpalme. Und in der Lobby gibt es Cocktails als Betthupferl.
57 Newton St., T 0161 228 72 77, www.cowhollow.co.uk, Tram: Piccadilly Gardens | €€ (inkl. Frühstück)

Hyper-Modernes in Ultra-Altem
Native Manchester J 5
Das unter Denkmalschutz stehende Lagerhaus um die Ecke der Piccadilly Station wurde aufwendig in eines der modernsten Hotels der Stadt verwandelt. Der Komplex umfasst mehr als 150 Apartments in verschiedenen Größen und mit minimalistischem Design. Außerdem sind hier ein Fitnessstudio, ein Blumenkiosk, ein Brunch-Lokal und Co-Working-Plätze angesiedelt. Das macht das Hotel zu einem beliebten Treffpunkt für die lokale Szene.
51 Ducie St., Ducie Street Warehouse, T 0161 503 95 51, www.nativeplaces.com, Tram: Piccadilly | €€

Opulenz für Nachtschwärmer
Velvet Hotel G 6
Mustertapete, passende Tagesdecke, edle Nachttischleuchten: Jedes der drei Zimmer des Velvet Hotels ist ein Unikat. Wer hier übernachtet, steht mit einem Bein im Nachtleben. Das Velvet Hotel liegt an der Canal Street, die legendäre

Wer es nach einer wilden Partynacht nicht weit ins Bett haben möchte, bucht sich im Velvet Hotel direkt an der Canal Street mitten im Gay Village ein.

Ausgehstraße im Gay Village, die mit Bars, Pubs und Clubs gespickt ist. Zudem sind es nur ein paar Gehminuten zu zentralen Plätzen wie Piccadilly Station, Market Street oder Chinatown.
2 Canal St., T 0161 236 90 03, www.velvetmanchester.com, Tram: Piccadilly | €€

Für Designliebhaber
Object Apartment Karte 3, B 2
Die Besitzer des kleinen Einrichtungsladens Object Style in Chorlton haben ihre Welt um eine Ferienwohnung erweitert. Das Object Apartment ist liebe- und geschmackvoll dekoriert und gibt Gästen das Gefühl, in dem ruhigen Stadtteil Manchesters zu Hause zu sein … wenn auch nur für ein Wochenende. Die Wohnung liegt auf der Beech Road, eine beliebte Bummelstraße im Süden Manchesters, die neben süßen Geschäften auch gute Restaurants und belebte Pubs zu bieten hat. Dank Bus und Metro ist man trotzdem super schnell im Zentrum.
117 Beech Road, Chorlton, www.objectstyle.co.uk, Bus 85/86 bis Chorlton Bus Station (Stop F) | €€

Für Romantiker
Didsbury House Hotel Karte 3, B 3
Ideal für alle, die Stadt wollen und Ruhe suchen. Das Didsbury House Hotel ist ein luxuriöses Bed & Breakfast mit exquisit ausgestatteten Räumen. Kamin, Mustertapete, frei stehende Badewannen und Retrokoffer vollenden den noblen Stil der viktorianischen Villa im idyllischen Vorort Didsbury. Dank der guten Tramanbindung ist man in weniger als 20 Minuten im Stadtzentrum. Es lohnt sich aber auch, den gegenüber liegenden Botanischen Garten zu erkunden.
Didsbury Park, T 0161 448 22 00, www.didsburyhouse.co.uk, Tram: East Didsbury, Bus 50 bis Parrs Wood (Stop E2) | €€

Filmreif
129 Didsbury Karte 3, B 3
Wer Davids Cottage in Didsbury betritt, fühlt sich wie in einem Film mit Hugh Grant: Bedacht ausgewählte Vintage-Möbel treffen auf Industriecharme und kreieren eine gemütlich-heimelige Atmosphäre mit Weltenbummlerflair. Perfekt ist hier auch die Lage: Das Häuschen steht direkt um die Ecke von der lebendigen Burton Road in West Didsbury. Dank Davids Gastfreundlichkeit und seinem individuellen Einrichtungsstil will man hier glatt einziehen.
129 Nell Lane, für bis zu 4 Pers., T 07817 44 01 37, www.129didsbury.com, Tram: Burton Road | €€

ZUM SELBST ENTDECKEN

Der **Arndale Market** im Erdgeschoss des Mega-Einkaufszentrums (► S. 103, nicht zu verwechseln mit dem von Fast-Food-Ketten-dominierten Foodcourt) ist eine verkannte Goldgrube in Manchesters Gastroszene: Hier reihen sich Streetfood-Stände aus aller Welt aneinander, die mit höchster Qualität und bestem Geschmack miteinander konkurrieren. Für manche Köchin oder manchen Koch beginnt auf dem überdachten Markt die große Karriere. Die Crew des vietnamesischen Imbisses **Viet Shack** (► S. 97) etwa hat sich zunächst hier mit einem Stand behauptet, um dann ihr erstes Lokal in Ancoats zu eröffnen.

PREISE

So viel kosten in etwa ein Hauptgericht oder ein Menü

€	bis 20 €
€€	20 bis 35 €
€€€	über 35 €

Essen mit Zeitgeist

Englische Küche schmeckt nicht? Lassen Sie dieses Vorurteil zu Hause. Manchester ist ein Foodie-Paradies. Die lokale Gastronomie ist jung und gibt sich trendy: Lokal? Zum Teilen? Vegan? Japanische Ramen-Suppe? Eggs Benedict? Sie finden, was gerade angesagt ist. Das ist alles andere als langweilig: Manchesters Restaurantszene ist stark umkämpft, nur wer besonders lecker und kreativ ist, besteht. Und weil Konkurrenz bekanntlich das Geschäft belebt, schwimmt die Stadt förmlich im Genuss.

Das haben sie wirklich drauf, die Mancunians: Sie können jedem Restaurant, jedem Imbiss, jedem Café einen persönlichen Stempel verpassen. Sie sind so gut darin, ein individuelles Konzept zu erstellen, dass man nur schwer Ketten von privat geführten Lokalen unterscheiden kann. Eine Gemeinsamkeit, die auffällt: Man pickt sich eine Sache raus und macht diese sehr gut. Pizza zum Beispiel. Oder Pasta. Oder Tacos. Nie alles auf einmal. Man füllt eine Nische. Speisekarten sind klein und durchdacht. Das macht Manchesters Restaurantszene so abwechslungsreich: Egal ob Veggie oder Fleischfan, Imbissgänger oder Luxusgenießer – es gibt die richtige Adresse für jeden Geschmack.

Die Königsdisziplin? Verschiedene Richtungen an einem Ort zu vereinen. Das meistert zum Beispiel der Szenetreffpunkt **Mackie Mayor** (► S. 95) im Northern Quarter. In der denkmalgeschützten Fleischerhalle bietet ein Dutzend Stände lokale und internationale Spezialitäten an.

Fish'n'Chips? Muss sein!

SO BEGINNT EIN GUTER TAG IN MANCHESTER

Full English, bitte
Koffee Pot H 3
Nach eigener Aussage kredenzt wie kuriert man hier seit 1978 Kater. Das Brunch-Café hat nicht nur deshalb Kultstatus. Viele sind sich einig, dass es hier das beste Full English Breakfast der Stadt gibt. Mit allem, was dazu gehört: Würstchen, Spiegeleier, Speck und Toastbrot.
84–86 Oldham St., T 0161 236 89 18, www.thekoffeepot.co.uk, Tram: Piccadilly Gardens, tgl. 9–15 Uhr, Tacos Pop-up: Do–Sa auch 16–23 Uhr | €

Isländisch inspiriert
Takk H 4
Takk, das ist isländisch und bedeutet Danke. Wie passend für ein Café, das sehr guten (und sehr starken) Kaffee serviert. Das Interieur ist dem isländischen Stil entsprechend minimalistisch, aber wegen des rustikalen Einschlags sehr gemütlich. Ein Kracher ist der Frenchtoast. Bitte probieren und dem Personal danken!
6 Tariff St., www.takkmcr.com, Tram: Piccadilly, Piccadilly Gardens, Mo–Fr 9–17, Sa–So 10–16 Uhr | €

Zum Genießen
Federal G 3
Wer sich im Northern Quarter auskennt, geht in diesem Szenetreffpunkt frühstücken. Nicht nur das Café, auch die Karte ist klein. Beides hat es aber in sich. Von gesund bis mächtig reicht die Auswahl. Die Teller werden in der offenen Küche hinterm Bestelltresen liebevoll hergerichtet. Sowohl die Speisen als auch das wuselige Treiben sind ein Genuss.
9 Nicholas Croft, T 0161 425 09 74, www.federalcafe.co.uk, Tram: Market Street, Shudehill, Mo–Fr 7.30–17, Sa 8–18, So 8–17 Uhr | €

Nachbarschaftstreff
Ezra & Gil H 4
Bei Ezra & Gil im Northern Quarter startet die Nachbarschaft bei einem Flat White (der starke Bruder des Cappuccino) und etwas Herzhaftem in den Tag. An der Theke gibt es außerdem verschiedene Kuchen oder Bananenbrot. Neben der Kasse stehen zudem Körbe mit frischem Obst und Gemüse. Da fühlt man sich gleich wie bei einem Besuch auf dem Markt.
20 Hilton St., www.ezraandgil.com, Tram: Piccadilly Gardens, Mo–Fr 7.30–20, Sa–So 8–19 Uhr | €

Die Selbsthersteller
Trove K 3
Alles, was hier auf den Teller kommt, ist selbst gemacht. Vom Brot bis zum Chutney. Trove hat sich zunächst in dem Vorort Levenshulme einen Namen als Bio-Feinschmeckermekka verdient, bevor es eine zweite Filiale in Ancoats eröffnete. Auch hier hat sich das Café mit seiner frischen und saisonalen Karte schnell zum beliebten Treff im Viertel entwickelt.
5 Murray St., T 0161 432 71 84, www.trovefoods.co.uk, Mo–Fr 8–15, Sa 8.30–15.30, So 9–15 Uhr, Bus 230: Jersey Street | €

Süßes und Sauerteig
Pollen Bakery Karte 2, H 2
An Wochenenden steht die Kundschaft bei der Pollen Bakery an der New Islington Marina Schlange. Berühmt ist die Bäckerei mit angeschlossenem, minimalistisch eingerichtetem Café für ihr Sauerteigbrot, das oft schon am Nachmittag ausverkauft ist. Keine Panik, das Anstehen lohnt sich auch für die knusprigen Croissants und feinen Küchlein.
8 New Union St., Cotton Field Wharf, www.pollenbakery.com, Tram: New Islington, Mi–Fr 8–16, Sa–So 9–16 Uhr | €

Kaffee fürs Zeitreisen
Pot Kettle Black D 3/4
Das »PKB« ist eines meiner Lieblingscafés. Nicht nur, weil dort vom Kuchen bis zum Rührei alles hervorragend schmeckt. Auch die Kulisse in der aus dem 19. Jh. stammenden Barton Arcade (► S. 32) ist besonders. Die schmiedeeisernen Fensterrahmen versetzten sofort zurück in die Entstehungszeit dieses Gebäudes. Tipp: Wer's eilig hat, bestellt sich an der To-go-Tür einen üppig belegten Laugenbagel.

OHNE DOPPELTEN BODEN

Einige Frühstückslokale bieten den sogenannten **Bottomless Brunch** an. Das Prinzip funktioniert so: Man zahlt einen Festbetrag (meistens etwa um die 40 £) und kann dafür so viel trinken und essen, wie man möchte. Das Konzept ist besonders bei Junggesellinnen beliebt, die sich schon vormittags ein bis fünf Sekt genehmigen. Der Brunch wird dabei eher zur Nebensache.

14 Barton Arcade, www.potkettleblackltd.co.uk, Tram: Exchange Square, Mo–Do 9–16, Fr–So 9–18 Uhr | €

Bombay Breakfast

Dishoom C 4

Porridge mit Datteln, Marsala-Bohnen oder belegte Naan-Brote – das Restaurant Dishoom ist zwar vor allem für seine Abendmenüs bekannt. Das indische Frühstück gilt jedoch als Geheimtipp. Die Kulisse erinnert an einen Kolonialpalast. Komplett macht die wichtigste Mahlzeit des Tages ein hausgemachter Chai.

32 Bridge St., T 0161 537 37 37, www.dishoom.com, Tram: Deansgate-Castlefield, Frühstück gibt's Mo–Fr 8–11.45, Sa–So 9–11.45 Uhr | €€

WO ESSEN AUF NACHHALTIGKEIT TRIFFT

Revolution auf dem Teller

V-Rev G 3

Das Diner sieht aus wie eine bunte Burgerbude. Und auch auf der Karte klingt alles verdächtig nach Fast-Food-Imbiss. Da finden sich zum Beispiel Chicken Wings, Mozzarella-Sticks oder Hotdogs. Das Spannende: Wirklich jedes Gericht, vom Pancake bis zum Kebab, ist vegan.

20–26 Edge St., T 0161 806 09 28, www.vrevmcr.co.uk, Tram: Market Street, So–Do 12–20, Fr–Sa 12–22 Uhr | €

Fleischfreier Foodie-Markt

Grub Karte 2, G 1

Der Streetfood-Markt lädt an Sonntagen zum veganen Genussfestival auf sein Gelände im Green Quarter. Verschiedene Stände bieten dann ihre durch und durch tierproduktfreien Pizzas, Burger und Kuchen an. Nach dem Bestellen kann man es sich auf Bänken bequem machen. Praktisch: Die Händler akzeptieren Kartenzahlung.

50 Redbank, T 07767 25 96 40, T 0161 302 30 84, www.grubmcr.com, Bus 41 bis St Chad's Church, Mi–Fr 16–22, Sa 12–22, So 12–18 Uhr | €

Im V-Rev brauchen vegan Lebende keine bösen Überraschungen zu befürchten: Alles auf der Karte ist komplett vegan.

Indisch anders

Bundobust H 4

Traditionelle indische Rezepte und moderne Craft-Beer-Kultur in hipper Bar-Atmosphäre. Die Karte ist komplett vegetarisch und besteht aus abwechslungsreichen Snacks, die man am liebsten alle probieren will. Mein Favorit: Die gegrillten Tikka-Paneer-Spieße mit Spinat-Chutney.

61 Piccadilly, T 0161 359 67 57, www.bundobust.com, Tram: Piccadilly Gardens, Mo–Do 12–21.30, Fr–Sa 12–22, So 12–20 Uhr, die Bar schenkt mind. 1 Std. länger aus | €

Gesetz der Saison

Another Hand C 6

Dieses kleine Restaurant richtet sein Angebot nach den lokalen Zutaten aus, die die Jahreszeit gerade hergibt. Im Frühjahr kommt was mit Rhabarber auf den Tisch, im Herbst mit Pilzen. Dazu gibt's eine feine Auswahl an Weinen, hervorragende Beratung und ein gemütliches Ambiente in der versteckten Fußgängerpassage Deansgate Mews hinter der historischen Fassade der Lagerhalle Great Northern.

Unit F, 253 Deansgate, T 0161 834 29 88, www.anotherhandmcr.com, Tram: Deansgate-Castlefield, Mi–Sa 10–22, So 10–16 Uhr | €€

Feines Gemüse in Didsbury

Greens Karte 3, B 3

Eine Institution für Vegetarier. Vielleicht, weil es eines der ersten richtigen fleischfreien Restaurants der Stadt war. Mit eingedeckten Tischen und Servietten. Das Menü ist einfallsreich, kreativ. Gerichte wie Halloumi-Buffalo-Wings oder warmer Soba-Nudelsalat können auch treue Steak-Fans überzeugen.

41–43 Lapwing Lane, T 0161 434 42 59, www.greensdidsbury.co.uk, Tram: Burton Road, Mo–Fr 17.30–21.30, Di–Fr auch 12–14.30, Sa 12–14.45, 17–21.30, So 12–20.30 Uhr | €€

INSTITUTIONEN & SZENETREFFS

Ohne Schnickschnack

This & That G 3

Authentisch, günstig, lecker: Der indische Imbiss im Northern Quarter ist zur Mittagszeit stets gerammelt voll. Aber: In dicht gedrängter Kantinenatmosphäre isst man hier das beste Curry der Stadt. Einfach mit dem Tablett zur Theke, Gericht von der kleinen Tageskarte wählen, zahlen und genießen.

3 Soap St., T 0161 832 49 71, www.thisandthatcafe.co.uk, Tram: Shudehill, So–Do 11.30–20, Fr–Sa 11.30–21 Uhr | €

Hätten Sie's geglaubt? Manchester ist der Geburtsort der **Vegetarierbewegung.** Ironischerweise war die Beefsteak Chapel in Salford zu Beginn des 19. Jh. die erste Kirchengemeinde Englands, die dem Fleischkonsum eine Absage erteilte. Der damalige Reverend William Cowherd (kein Scherz) argumentierte sinngemäß: Wenn Gott gewollt hätte, dass wir Fleisch essen, würde es als reife Frucht an Bäumen wachsen.

Guter Deal hinter Backsteinen

Trof NQ G 3

Restaurant und Pub: Das Trof NQ kann beides. Morgens gibt es pochierte Eier, abends fein gemixte Cocktails. Besonders bekannt ist die Gastro-Bar für ihr Sunday Roast, den typischen englischen Sonn-

Wussten Sie, dass **Yorkshire Pudding,** der zu einem ordentlichen **Sunday Roast** (Sonntagsbraten) dazugehört wie das Amen zur Kirche, aus dem gleichen Teig hergestellt wird, wie Pfannkuchen? Statt die Mixtur anzubraten, wird sie in Förmchen im Ofen gebacken. Dort pufft sie dann wunderbar auf und eignet sich so bestens als Beilage.

Wo im 19. Jh. der Fleischmarkt abgehalten wurde, geht es auch heute noch ums Essen: Bei Mackie Mayor ist aber mehr Hipness und Vielfalt geboten – Foodies können an gut einem Dutzend Stände aussuchen, was ihren Gaumen kitzelt.

tagsbraten, der mit Gemüse, Bratensoße und Yorkshire Pudding angerichtet wird. Auch montags ist die Bude voll. Dann bietet das Trof nämlich die Speisen auf seiner Karte immer zum halben Preis an.

8 Thomas St., T 0161 833 31 97, www.trofnq.co.uk, Tram: Shudehill, Mo–Do 16–4, Fr 16–1, Sa 10–1, So 10–24 Uhr | €

Pizzagrüße aus Neapel

Rudy's Pizza J 3

Rudy's Pizza ist stadtbekannt. Alle schwärmen von dem luftigen Teig, der fruchtigen Tomatensoße. Mit Sicherheit gibt es hier eine der besten Pizzen der Stadt. Nur ein paar Minuten kommt der belegte Teig in den Ofen, dann wird er heiß-fluffig serviert. Spezialität ist die White Pizza ohne Tomatensoße. Ein echtes Qualitätsmerkmal: Fast niemand lässt hier den Rand zurückgehen.

9 Cotton St., T 0161 820 82 92, www.rudyspizza.co.uk, Bus 231 bis Jersey Street, Mo–Sa 12–22, So 12–21 Uhr | €

Englischer Pub-Klassiker

The Marble Arch H 1

Bernsteinfarbene Fliesen bis an die Decke: Das Marble Arch ist nicht nur einer der schönsten Pubs Manchesters, in dem man sich fühlt wie in einem Wohnzimmer aus dem 19. Jh. – immerhin ist er mehr als 125 Jahre alt –, hier gibt es auch erstklassiges Essen. Und zwar englische Traditionsgerichte, frisch zubereitet: herzhafter Steak'n'Ale Pie, Fish'n'Chips oder traditioneller Sonntagsbraten mit Yorkshire Pudding und dunkler Soße. Dazu bestellt man am besten ein Bier aus der Pub-eigenen Brauerei.

73 Rochdale Road, T 0161 832 59 14, www.marblebeers.com, Tram: Shudehill, So–Mo 12–22, Mi–Do 12–23, Fr–Sa 12–24 Uhr, Küchenzeiten So bis 19, Mo, Mi–Do bis 20, Fr–Sa bis 21 Uhr | €

Pizza und Margheritas

Ramona H 2

Eckig statt rund. Dick statt dünn. Hier gibt es keine gewöhnliche Pizza, sondern Ramonas Spezialität im Detroit-Style. Dazu eine geeiste, süß-saure Margherita? Diese Kombi wird allein durch das lässige Drumherum getoppt: Pizza und Drinks nimmt man bei Ramona unterm Zeltdach zwischen Holzkohlekaminen zu sich. Mehr Americana-Gefühl gibt's wohl nirgendwo sonst in England.

40 Swan St., T 0161 441 90 20, www.takemetoramona.com, Tram: Shudehill, Mi–Fr 16–24, Sa–So 12–24 Uhr | €

Alles Käse!
Northern Soul Grilled Cheese G 3
Dieser Imbiss hat schon so manchem den Kater ausgetrieben: Bei Northern Soul Grilled Cheese dreht sich alles um geschmolzenen Käse. Ein Klassiker ist das Sandwich mit einer Geheimmischung aus drei verschiedenen Käsesorten, so dick belegt, dass sich beim Abbeißen lange Fäden ziehen. Da reicht es völlig aus, wenn man sich einen Toast teilt.
Unit G20–21, 44 Tib St, T 0161 832 70 26, www.northernsoulmcr.com, Tram: Market Street, Mo–Do 10.30–20, Fr–Sa 10.30–21, So 10.30–18 Uhr | €

Paniert und fritiert
The Chippy on Burton Road Karte 3, B 3
Einen guten Fish'n'Chip-Shop – oder auch Chippy, wie die Briten sagen – erkennt man zuallererst an der Länge der Schlange, die sich zu Feierabend vor der Theke bildet. Beim Chippy on Burton Road in West Didsbury lohnt sich das Anstehen. Der Fisch ist frisch, die Panade kross, die Pommes perfekt. Wer etwas abseits des Klassikers probieren will, bestellt den Salt & Pepper Squid mit Sriracha-Mayo.
178 Burton Road, T 0161 414 11 11, www.thechippyonburtonroad.co.uk, Tram: Burton Road, Di–Do 17–21, Fr–So 12–21 Uhr | €

Meet me in der Metzgerhalle
Mackie Mayor H 2
Keine Frage, Mackie Mayor ist einer der angesagten Treffpunkte der Stadt. Liebevoll wurde die viktorianische Fleischmarkthalle aus dem 19. Jh. in ein Foodie-Paradies verwandelt, in dem ein Dutzend Stände etwa Steinofenpizza, mexikanische Tacos, panierten Fisch oder chinesische Bao und Eclairs zur Nachspeise anbieten. Zubereitet wird das von den jeweiligen Spezialisten. Zusätzlich schenken drei Bars Cocktails, Wein oder Bier aus. Überall herrscht Selbstbedienung. Für die Bestellung sollte man sich die Tischnummer merken. Das Publikum selbst ist so spannend, dass das Essen schon beinahe zur Nebensache wird.
1 Eagle St., www.mackiemayor.co.uk, Tram: Shudehill, Di–Sa 9–22, So 9–18 Uhr, keine Reservierungen | €–€€

DER PIE, SPEZIALITÄT DES NORDENS

Pieminister G 3
Der Pie ist ein typisches Arbeiteressen: günstig, sättigend, bodenständig. Vor allem im Norden Englands gehört die herzhafte Blätterteigkruste zum Alltag. Egal, ob als Snack im Fußballstadion oder als ordentliches Gericht im Restaurant. Traditionell ist der Pie mit einer Art Gulasch gefüllt und wird auf Kartoffelpüree und mit Bratensoße übergossen serviert. In vielen Restaurants findet man aber auch vegetarische oder sogar vegane Interpretationen des Küchenklassikers. Eine gute Adresse zum Probieren ist das auf den nordenglischen Liebling spezialisierte Restaurant Pieminister im Northern Quarter (53 Church St., T 0161 819 12 79, www.pieminister.co.uk, Tram: Market Street, Mo–Sa 12–22, So 12–17 Uhr | €).

Pasta mia!
Sugo K 2
Sugo zieht Pasta-Fans an wie eine Glühbirne Nachtschwärmer. An Wochenenden ist der Laden fast immer ausgebucht, eine Reservierung empfiehlt sich daher dringend. Belohnt wird man mit einem Pasta-Teller, der einer herzlichen Umarmung gleicht. Futter für die Seele. Nur ein paar Gerichte stehen auf der Karte, die alle drei Monate wechselt.
46 Blossom St., T 0161 236 52 64, www.sugopastakitchen.co.uk, Bus 231 bis Jersey Street, Di–Do 17–22, Fr–Sa 12–22, So 12–20.30 Uhr | €–€€

Sinnesrummel im Güterbahnhof

Escape to Freight Island K 7

Kaum zu glauben, dass hier bis vor Kurzem noch Lagerhallen vor sich hin gammelten. Nun pilgert Manchesters Szene zum Rummel der Sinne ans Mayfield Depot hinter dem Hauptbahnhof Piccadilly. Kein Wunder, dass dieses Konzept die Massen anzieht: Die angesagtesten Restaurants der Stadt kämpfen um einen Platz bei »Escape to Freight Island«. Per App bestellt man sich dann einfach sein Lieblingsgericht an den Tisch. Dazu werden Cocktails, Bier, Wein, Travestieshows und Akrobatik angeboten. Ich empfehle, vorher einen Platz zu reservieren.

11 Baring St., T 0161 823 87 47, www.escapetofreightisland.com, Tram: Piccadilly, Mo–Do 16–23, Fr 16–1, Sa 12–1 Uhr, So 12–22 Uhr | €–€€

EXPERIMENTIERFREUDIG & UNGEWÖHNLICH

Mit Ei-nlage

Tokyo Ramen G 3/4

Haben Sie schon mal ein Ei in der Suppe gefunden? Klingt komisch, schmeckt aber super! Bei Tokyo Ramen haben Sie Gelegenheit, das persönlich zu probieren. Die nach japanischer Tradition hergestellte Brühe mit selbst gemachten Nudeln ist ein echtes Power-Paket in Sachen Geschmack. Und bei Tokyo Ramen hat man das Rezept zur Perfektion verfeinert. Weniger als eine Handvoll Hauptgerichte stehen zur Auswahl. Jedes ein Volltreffer.

55 Church St., www.tokyoramen.co.uk, Tram: Market Street, Mi–Sa 12–14, 17–22 Uhr, keine Reservierungen | €

Reise durch den Magen

Happy Seasons F 6

Zugegeben: Wegen des Ambientes kommt keiner her. Das chinesische Restaurant besteht aus einem engen Speisesaal mit hellem Neonlicht. Auf den Tischen liegen Papierdecken. Und doch stehen die Kunden regelmäßig Schlange. Denn nirgends ist das Essen so authentisch wie hier. Berühmt ist das Happy Seasons für seine gefüllten Vorspeiseklöße, die sogenannten Dim Sum, und seinen gegrillten Schweinebauch, der oft schon am frühen Abend ausverkauft ist. Wer ihn probieren will, kommt am besten schon mittags vorbei.

59 Faulkner St., T 0161 236 71 89, https://happy-seasons.co.uk, Tram: St. Peter's Square, Mi–Mo 16.30–22 Uhr | €

Donuts auf Walisisch

Siop Shop H 3

Gott sei Dank haben die Besitzer ihr walisisches Menü gleich auf Englisch übersetzt. Sonst könnten wir ja gar nicht verstehen, welche Leckereien es hier gibt. Die Spezialität dieses schrägen Cafés sind seine Donuts: superfluffig, verboten süß. Die Sorten wechseln wöchentlich und reichen vom klassischen Marmeladenkrapfen zum Rhabarber-Baiser-Kunstwerk. Das Beste: Alles wird in der hauseigenen Bäckerei hergestellt.

53 Tib St., https://siopshop.co, Tram: Market Street, Shudehill, Mo–Fr 9–16, Sa–So 10–16 Uhr | €

Blumenkohlparty

Maray E 5

Das aus Liverpool stammende Restaurant hat nun endlich einen Ableger in Manchester. Die Karte ist inspiriert vom Nahen Osten, Gerichte sind zum Teilen da. Berühmt ist das Lokal übrigens für seinen »Disco Cauliflower« – ein ganzer gerösteter Blumenkohl, überzogen mit einer einmaligen Gewürzmischung. Absolute Probierempfehlung!

14 Brazennose St., T 0151 347 02 14, www.maray.co.uk, Tram: St. Peter's Square, So–Do 12–22, Fr–Sa 12–23 Uhr | €€

Wie Alice im Wunderland

Richmond Tea Rooms G 6

So muss Alice sich also gefühlt haben, als sie durch den Kaninchenbau kroch. Buntes Rautenmuster an den Wänden, samtbezogene Polster, feine Häppchen auf Etageren – in den detailreich dekorierten Tea Rooms kann man kurze Zeit der Realität entfliehen und dabei Tee- und Kuchenspezialitäten kosten. Einmal im Monat verwandelt sich das Café zum Kabarett mit Dragshow (► S. 42).

NACHMITTAGSHÄPPCHEN

Was in Deutschland das Kaffeekränzchen, ist in Großbritannien der Afternoon Tea. Klassischerweise warten Scones und zu perfekten Dreiecken geschnittene Sandwiches auf einer Etagere darauf, vernascht zu werden. Schon zu Mitte des 19. Jh. wurden sie als perfekter Lückenfüller zwischen Lunch und Dinner gereicht. Die Tradition stammt aus der Upper Class, jener Bevölkerungsschicht, die sich Bedienstete leisten konnte. Und obwohl Manchester zuweilen alles andere als vornehm ist, gibt es einige Ort in der Stadt, die sich auf Afternoon Tea spezialisiert haben. So bieten einige Luxushotels und manche gehobene Bars diese piekfeinen Nachmittagshäppchen an. Wie das **Midland Hotel** (E 6, ► S. 21) am St. Peter's Square oder das **Hilton** am Deansgate in seiner Panorama-Bar **Cloud 23** (C 7, ► S. 64). Dazu muss es übrigens nicht nicht immer Tee sein. Prosecco ist zum Beispiel eine beliebte Alternative. Im **20 Stories** (C 5, www.20stories.co.uk) in Spinningfields gibt es sogar ein Cocktail-Paket zum Afternoon Tea. Wie im Tropenurlaub fühlt man sich im **Grand Pacific** an den Spring Gardens (F 4, ► S. 34). Die Mini-Sandwiches und Küchlein werden hier auf einer goldenen Ananas-Etagere serviert.

46 Sackville St., T 0161 697 44 74, www.richmondtearooms.com, Tram: Piccadilly, Mo–Fr 10–19, Sa 9.30–20, So 9.30–18 Uhr | €

Muh, Oink und Quak

Viet Shack J 3

Viet Shack verkauft seit Jahren im Arndale Market Banh Mi, vietnamesische belegte Baguettes. Das Konzept ist so erfolgreich geworden, dass die Gründer ihr eigenes Restaurant in Ancoats eröffneten. Dort ist vor allem ein Gericht der Renner: Quack Fries. Wie der Name so schön lautmalerisch andeutet, handelt es sich hierbei um Pommes Frites, die mit kross gebratener Entenbrust und allerhand Saucen beladen werden. Wer nicht so für Ente zu haben ist, bekommt auch Abwandlungen mit Rind, Schwein oder Tofu.

65 Great Ancoats St., www.vietshackrestaurant.co.uk, Bus 231 bis Jersey Street, Mo–Do 12–15, 17–21, Fr–Sa 12–22, So 12–21 Uhr, keine Reservierungen | €

ZUM SELBST ENTDECKEN

»Shop til you drop« ist in Manchester mehr als ein geflügeltes Wort: An Wochenenden, vor allem am Monatsanfang, sind Konsumtempel und -tempelchen rappelvoll. Und der Kunde ist immer König. Mancher meint sogar: Nirgends in Europa lässt es sich besser bummeln und einkaufen als hier. Geschäfte und Malls haben jeden Tag geöffnet, sogar an Sonn- und Feiertagen. Nur an zwei Terminen im Jahreskalender – am 25. Dezember und am Ostermontag – bleiben die Türen zu.

Mode in der DNA

Manchester ist keine Fashionmetropole wie London oder Paris. Aber die Stadt hat Stil. Ein besonderes Gespür für Kleidung liegt in der urbanen DNA. Über Jahrzehnte haben hier Fabriken Textilien für die ganze Welt hergestellt. Heute kommen junge Menschen extra fürs Modedesign-Studium nach Nordengland. Diese Begeisterung haben nicht nur die Fachleute im Blut: Mancunians kleiden sich ausgefallen, schräg, ihrer Zeit voraus. Die Begeisterung fürs textile Erscheinungsbild spiegelt sich im lokalen Einzelhandel wieder. Aktuelle Trends hängen in der Supermall Arndale, Nachhaltigeres in den Miniboutiquen im Northern Quarter. Egal wo: Inspiration ist allgegenwärtig.

Manchesters Einkaufswelt ist bunt. Internationale Marken gibt es an der Haupteinkaufsmeile **Market Street** (🕮 F/G 4) und im angrenzenden Konsumkoloss **Arndale** (► S. 103). Teure Ketten, Kaufhäuser und Nobelshops haben sich an der **New Cathedral Street** (🕮 E 3), am **St. Ann's Square** (🕮 D/E 4) und an der **King Street** (🕮 C–E 4) angesiedelt. Secondhand-Geschäfte, Plattenläden und inhabergeführte Boutiquen mit ausgewählten Teilen findet man zuhauf rund um die **Oldham Street** (🕮 G/H 3/4) im Northern Quarter. Die Auswahl reicht von minimalistisch bis kitschig, von Handgemachtem bis Massenware, von Schnäppchen bis Luxusartikel. Für die Mancunians ist Shoppen mehr als Geldausgeben und Tütentragen. Es ist ein Hobby, das mit einem Ausflug ins Stadtzentrum ausgiebig zelebriert wird.

Kurios, spannend, ausgefallen: Afflecks

BÜCHER & MUSIK

Für Nostalgiker
Paramount Books F 3

Jazzklänge hallen aus den Lautsprechern über die Straße. Im Schaufenster stapeln sich Bücher über Bücher. Paramount Books ist ein Antiquariat, wie man es sich vorstellt. Romantisch, nostalgisch, wie aus der Zeit gefallen. Ein Schritt über die Türschwelle und die Zeiger der Uhr scheinen stehenzubleiben. Ein Ort für Kunden, die nichts suchen, aber doch finden. Seltene Comics, alte Landkarten oder Kunstfachbücher zum Beispiel. Und bezahlen kann man hier auch in Euro.

25-27 Shudehill, T 0161 834 95 09, www.paramountbooks.co.uk, Tram: Shudehill, Do–So 12–20 Uhr

Magazin-Mekka
Unitom H 3

Kunst, Café, Zeitungsladen – der Shop am Stevenson Square bietet etwas für viele Leidenschaften. Hier stößt man aber eher auf Galerieflair statt auf Kioskatmosphäre. Magazine und Bildbände sind genauso kuratiert wie die Bilder an der Wand. Unter den Publikationen finden sich etwa japanische Reisemagazine, Kataloge berühmter Fotografen oder Hefte über Käse-Etiketten. Die volle Dröhnung Inspiration sozusagen.

1a Stevenson Square, T 07496 26 71 60, www.unitom.co.uk, Tram: Piccadilly Gardens, Mo–Mi 10–17.30, Do–Sa 10–17, So 11–17 Uhr

König der Plattenläden
Piccadilly Records G 3

Manchester ohne Plattenläden wäre wie Paris ohne Bäckereien oder Venedig ohne Gondeln. Piccadilly Records ist der König unter den Vinylgeschäften. Der Laden thront mitten im Northern Quarter an der Oldham Street und bittet Fans von Indie-, Rock- und World-Music zur Audienz. Das Personal kennt sich aus und hilft gern weiter. Aber mal ehrlich: Das Schönste am Plattenkauf ist doch das Selberstöbern.

53 Oldham St., T 0161 839 80 08, www.piccadillyrecords.com, Tram: Piccadilly Gardens Mo–Sa 10–18, So 11–17 Uhr

Musikalische Schatztruhe
Vinyl Exchange G 4

Wer nach musikalischen Raritäten sucht, ist hier goldrichtig. Direkt gegenüber von Piccadilly Records gelegen, verkauft der Laden schon seit den 1980er-Jahren Schallplatten und CDs aus zweiter Hand. Eine riesige Kollektion, die größte im Nordwesten Englands, um genau zu sein. Außerdem gibt es im Erdgeschoss Karten für kleine, lokale Konzerte zu erstehen.

18 Oldham St., T 0161 228 11 22, www.vinylexchange.co.uk, Tram: Piccadilly Gardens, Mo–Sa 10–18, So 11–17 Uhr

Der Sound der Vergangenheit
Clampdown Records H 5

Im Prinzip besteht Clampdown Records aus einem Raum, der mit Musikkultur aus den vergangenen Jahrzehnten vollgestopft wurde. Die Wände strotzen vor signierten Fotos und Bandpostern. Im Angebot: neue und gebrauchte Platten, Prints, Bücher, Autogramme und DVDs rund ums Thema Musik. Die Bandbreite der Genres reicht von Funk über Jazz zu Rock und Punk. Eine absolute Fundgrube für Retrofans.

9–11 Paton St., T 0161 237 59 32, www.clampdownrecords.com, Tram: Piccadilly Gardens, Mo–Fr 10–17.30, Sa 10–18, So 11–16 Uhr

DELIKATESSEN & LEBENSMITTEL

Für Genusssüchtige
The Epicurean J 3

Gerne genehmigen sich die Mancunians schon nachmittags mal ein Pint Craft Ale. Ein riesiges Sortiment davon gibt es bei dieser Minikette mit vier Läden, u. a. in Didsbury (► S. 71) und Ancoats.
Der kleine Fachhandel für »Genusssüchtige« bietet außergewöhnliche Biersorten aus aller Welt an, wobei die lokale Auswahl besonders interessant ist. Zum Sortiment zählen in Manchester verwurzelte Brauereien wie Shindigger,

Schon das Schaufenster macht klar: Im Oklahoma gibt es ordentlich Farbe auf die Sinne. Eine super Adresse, um nach ausgefallenen Geschenken, schrägen Wohnaccessoires und natürlich auch Mitbringseln zu stöbern.

Cloudwater, Northern Monk Brewery oder die Burton Road Brewing Co.

47 Henry St,, T 0161 236 12 06, www.theepicureanbeers.co.uk, Bus 231: Jersey Street, Mo–Mi 12–20, Do–Sa 11–21, So 12–18 Uhr

Süße Souvenirs

Ancoats General Store J 3

Kein normaler Supermarkt, vielmehr ein Hipster-Lebensmittelladen: Der Ancoats General Store verkauft neben notwendigen Kühlschrankklassikern wie Eiern, Milch und Co. interessante und experimentierfreudige Snacks, Süßigkeiten und Getränke. Am liebsten von lokalen Produzenten und wenn's geht nachhaltig hergestellt. In diesem coolen Tante-Emma-Laden macht das Besorgen süßer Souvenirs besonders Spaß.

57 Great Ancoats St., T 0161 236 78 97, www.general-stores.co.uk, Bus 231: Jersey Street, tgl. 7–23 Uhr

Edler Hopfen

Beermoth H 3

In Manchester wird Bier zelebriert wie in Bordeaux Wein. Das zeigt sich etwa in diesem auf den beliebten Gerstensaft spezialisierten Fachhandel. Hunderte Sorten Gebrautes aus der ganzen Welt – egal, ob in Flaschen oder Dosen – werden in dem kleinen Laden angeboten. Ein Paradies für alle, die sich gerne durch verschiedene Geschmacksnoten probieren. Wen diese kolossale Auswahl überfordert, der kann sich beim Einkauf auf die Empfehlungen des versierten Personals verlassen.

70 Tib St., T 0161 222 40 01, www.beermoth.co.uk, Tram: Market Street, Mo–Do 11–19, Fr–Sa 11–19.30, So 11–17 Uhr

FLOH- & STRASSENMÄKTE

Gold unterm Zeltdach

Makers Market G 3

Der Makers Market ist ein Basar für Kunsthandwerker, der jedes Wochenende an verschiedenen Orten in der Stadt ausgerichtet wird. Wer beim Begriff Kunsthandwerk skeptisch wird und an verzierte Kronkorken denkt, dem sei gesagt: Dieser Market ist ein anderes Kaliber. Hier verkaufen Kreative aus der Stadt und ihrer Umgebung ihre Produkte, die von feinen Brownies über selbst gemachten Rum, hochwertige

Foto-Prints bis hin zu minimalistischem Schmuck reichen. Für viele »Maker« ist dieser Markt eine Art Sprungbrett ins eigene Unternehmen. Dementsprechend professionell sind die Tische unter den schwarzen Zeltständen bestückt.

U. a. jeden zweiten Sonntag des Monats 11–17 Uhr an der Oak Street im Northern Quarter, Tram: Shudehill, weitere Termine und Orte unter www.themakersmarket.co.uk

GESCHENKE, DESIGN, KURIOSES

Kunterbunte Kitschwelt

Oklahoma G 3

Wer auf bunt und übertrieben steht, bekommt hier die volle Dröhnung Farbrausch. Witzige Wohnaccessoires, kuriose Spiele, Karten und Scherzartikel bilden einen einzigartigen Kosmos, aus dem man nichts braucht, aber alles haben will. Selbst wenn Sie alle Mitbringsel schon besorgt haben, sollten Sie diesem Geschenkemporium einen Besuch abstatten.

74–75 High St., T 0161 834 11 36, www.okla.co.uk, Tram: Market Street, So–Mi 10–17, Do–Sa 10–18 Uhr

Cooler Opa

Fred Aldous H 4

Dass dieses Geschäft schon seit 1886 besteht, sieht man vielleicht seiner Fassade an. Das Angebot von Fred Aldous beinhaltet jedoch die modernsten Schreibwaren und Geschenkartikel, die man sich vorstellen kann. Im Erdgeschoss finden sich zwei Fotoautomaten, Grußkarten, Notizbücher und Wohnartikel. Im Keller erschließt sich Besuchern ein Paradies für Künstlerbedarf: Farben, Wolle, Kleber und Werkzeuge in Dutzenden Gängen. Wer es vorher noch nicht war, wird hier zum Bastler.

37 Lever St., T 0161 236 42 24, www.fredaldous.co.uk, Tram: Piccadilly Gardens, Mo–Sa 9–17.30, So 11–17 Uhr

Nordisch by Nature

Nordic Muse H 3

Ohrringe, Ketten, Vasen, Seifen, Kerzen – alles, was der Concept Store verkauft, ist inspiriert vom hohen Norden. Das Design aus Finnland, Norwegen, Dänemark oder Schweden hat die Besitzerin Jenny auf ihren Reisen dorthin nachhaltig beeindruckt. Kunden können dank ihr nun ein Stückchen Skandinavien in Manchester erstehen. Und einen netten Schnack mit der Gründerin gibt's umsonst dazu.

106 Tib St., T 07713 05 16 97, www.nordicmuse.com, Tram: Market Street, Mo–Fr 10–18, Sa 10–17, So 12–16 Uhr

Zen zum Mitnehmen

Form Lifestyle Store H 3

Wer diesen Laden betritt, kann gar nicht anders, als einen Gang runterzuschalten. Die Atmosphäre in Form Lifestyle ist derart relaxt, dass man hier drinnen wirklich die Zeit vergisst. Das Angebot besteht aus handgemachten Besonderheiten. Sei es eine Keramiktasse, eine Vase oder ein Kerzenständer, man möchte sich einfach etwas aus diesem Zen-Kosmos mitnehmen.

6 Bradley St., T 0161 236 33 34, www.form-shop.com, Tram: Piccadilly Gardens, Mi–Fr 11–17, Sa 10–17, So 12–16 Uhr

Schön und praktikabel

Deadstock General Store G 3

Auf den ersten Blick scheint Deadstock General Store wie ein Krämerladen aus einem vergangenen Jahrhundert. Schaut man genauer hin, entdeckt man, wie liebevoll die einzelnen Teile ausgewählt wurden. Socken aus Japan, Kämme aus Deutschland, Seifen aus Frankreich, Mohairschals aus Spanien: Jedes Produkt ist das Beste seiner Klasse.

46 Edge St., T 07925 57 70 54, auf Instagram @deadstockgeneralstore, Tram: Market Street, Mo–Sa 11–18, So 12–17 Uhr

Für Interieur-Begeisterte

Idaho Karte 3, A 3

Ein Ausflug in den Vorort Altrincham sei wärmstens empfohlen. Nicht nur wegen des dortigen Marktes und der Dorfidylle. Direkt gegenüber der Markthalle findet sich dieses süße Einrichtungsgeschäft, das ausgewählte Dinge fürs Zuhause anbietet. Das liebevoll zusammen-

gesuchte Sortiment reicht von Vasen über Kunstdrucke, Decken, Grußkarten, Bücher bis hin zu Schmuck.
56 Greenwood St., T 0161 941 10 85, www.idahoshop.co.uk, Tram: Altrincham, Di–Sa 10–17 Uhr, So 11–16 Uhr

Kuriositäten-Kabinett
Afflecks G 4
Das etwas andere und vor allen besondere Kaufhaus: Das Gebäude gleicht einem Labyrinth aus Kuriositäten und lässt sich wohl am besten als komprimierte Version des Londoner Camden Market beschreiben. Gebrauchte Schiebermützen, Musikposter, Hawaii-Shirts, Actionfiguren, Zeichnungen, Aufnäher oder Verkleidungen …: Das Angebot ist eine Mischung aus abgefahrenem Schrott und ausgefallenen Souvenirs. In jedem Fall lohnenswert, hier einen Vormittag zu verbummeln.
52 Church St., T 0161 839 07 18, www.afflecks.com, Tram: Piccadilly Gardens, Mo–Fr 10.30–18, Sa 10–18, So 11–17 Uhr

FASHION-STATEMENT

Der Modestil der Mancunians ist stark von der Musikszene der 1980er- und 90er-Jahre beeinflusst. Weite Hosen, lässige Retro-Sneaker, ein grüner Parka und der sogenannte Bucket Hat – was Bands wie Oasis, The Stone Roses oder die Happy Mondays damals stilmäßig vormachten, ist heute zu einer Art Uniform der Einheimischen geworden. Wer sich so kleiden will wie die Rockstars von damals, wird am ehesten in den Secondhand-Läden im Northern Quarter fündig. In den Vintage-Geschäften gibt es eine beeindruckende Auswahl an Fischerhüten, Sportjacken oder Turnschuhen aus vergangenen Epochen.

MODE & ACCESSOIRES

Stilprägend
Oi Polloi G 3
Wer sich auf den Straßen im Northern Quarter umschaut, wird einen gewissen Manchester-Stil erkennen. Die Merkmale: weite Hosen, inspiriert von Funktionskleidung und ultra-lässig. Prägend für diesen Trend ist das Männermodegeschäft Oi Polloi. Birkenstocks, Stricksocken, Armeejacken: Alles, was dieser Laden verkauft, lieben seine treuen Anhänger.
63 Thomas St., T 0161 831 78 70, www.oipolloi.com, Tram: Market Street, Mo–Sa 10–18, So 11–17 Uhr

Natürlich nachhaltig
Beaumont Organic H 4
Egal, nach welchem Stück man hier greift: Es ist nachhaltig und sein Herstellungsweg transparent. Das Sortiment besteht hauptsächlich aus Frauenkleidung mit modernen und dennoch zeitlosen Schnitten und aus natürlichen Materialien wie Leinen oder Baumwolle. Das Label verkauft neben eigenen Designs auch Accessoires von lokalen Produzenten, die selbstverständlich die ökologischen Prinzipien des Ladens vertreten.
49 Hilton St., T 0161 971 90 10, www.beaumontorganic.com, Tram: Piccadilly Gardens, Mi–Fr 11–18, Sa 10–17 Uhr

Alte Klamotten, neue Frisur
Pop Boutique H 3
Über zwei Stockwerke bietet die Pop Boutique Klamotten und ein paar Wohnaccessoires aus zweiter Hand an. Was das Shoppen einfach macht: Die Kleidung ist nach Kategorien eingeteilt. So hängen alle Lederjacken, Armeehosen oder Cordhemden beieinander. Und wer seinen Stil nachhaltiger verändern

Ein bisschen Las Vegas kann nicht schaden? Dann auf ins Trafford Centre. Die Riesenmall lässt sich nicht lumpen, allein die Ausstattung – Glaskuppeln, Palmen, Marmor – lohnt den Weg. Shoppen kann man natürlich auch.

will, stattet dem Friseursalon hinter der Kasse im Erdgeschoss einen Besuch ab.
34–36 Oldham St., T 0161 236 57 97, www.pop-boutique.com, Tram: Piccadilly Gardens, Mo–Sa 10.30–18.30, So 12.30–17 Uhr

Modehits aus zweiter Hand
Bionic Seven J 4
Das Beste aus den 1980er- und 90er-Jahren gibt es modisch gesehen bei Bionic Seven. Der Vintage-Laden hat sich auf gut erhaltene Klassiker dieser Ära spezialisiert, die absolut modern und zeitlos wirken. Unter den Marken wie Levi's, Barbour, Burberry oder Fred Perry findet sich echtes Retrogold zum fairen Preis.
60 Port St., T 0161 228 24 59, auf Instagram @ionicseven, Tram: Piccadilly Gardens, Mo–Mi 11–18, Do 11–18.30, Fr–Sa 11–19, So 12–17 Uhr

SHOPPINGMALLS

Prunkvolle Mega-Mall
Trafford Centre Karte 3, A 2
Ein Shoppingtempel gigantischen Formats: beinahe so groß wie eine eigene Stadt. In der immerhin drittgrößten Mall im gesamten Vereinten Königreich kann man nicht nur sehr viel Geld ausgeben, sondern auch sehr viel Zeit verbringen. Bei der Einrichtung gilt das Motto: klotzen statt kleckern. Die Gänge sind mit Marmor und Springbrunnen ausgestattet. Neben einem riesigen Foodcourt, einem Kino und Spielhallen findet man hier internationale Modeketten, aber auch britische Kaufhäuser wie Selfridges, Debenhams oder John Lewis.
Trafford Park, https://traffordcentre.co.uk, Tram: The Trafford Centre, Mo–Fr 10–22, Sa 10–21, So 12–18 Uhr

Shopping-Gigant
Arndale F 3
Fast wie ein überdachter Stadtteil breitet sich die Arndale Shoppingmall zwischen Exchange Square und High Street aus. Wer in England verbreitete Mode-, Beauty-, oder Einrichtungsketten sucht, wird hier fündig. Tipp: Sie ist auch das Zuhause des Arndale Market (▶ S. 90) mit seinen Streetfood-Ständen.
Market St., https://manchesterarndale.com, Tram 5: Exchange Square, Tram: Market Street, Mo–Sa 8–20, So 11.30–17.30 Uhr

ZUM SELBST ENTDECKEN

Für eine Nacht im **Northern Quarter** (G/H 3/4) braucht man keine Anleitung. Ganz einfach von Theke zu Theke treiben lassen. Rund um die **Oldham Street,** an der **Thomas Street** und am **Stevenson Square** findet sich alles, was das Nachtschwärmerherz begehrt: vom klassischen Pub bis zum Technoclub. Vielfältig sind die Möglichkeiten, hier einen gelungenen Abend zu verbringen. Ob nur für einen Drink oder zum wilden Tanzen bis zum Morgengrauen – im Szeneviertel gibt es für jede Stimmung die passende Option. Das Publikum am Tresen ist dementsprechend bunt: Das Northern Quarter ist wie eine Glühbirne, deren Licht Studenten und Rentner, Lederjackenträger und Sneaker-Fans, Banker und Künstler gleichermaßen anzieht.

Mit einem Ohr am Verstärker

Vielleicht liegt es an Manchesters reicher Musikgeschichte, dass es hier ein enormes Angebot an Konzerten und Gigs gibt. Die Metropole wirkt wie ein Magnet auf Bands, Sänger und DJs. Während große Acts die Fußballstadien oder die Manchester Arena füllen, mischen neue oder bislang unbekannte Künstler Clubinstitutionen im Northern Quarter auf. Egal ob Superstar oder Newcomer – fast jeden Abend in der Woche kann man musikalisch füllen. Wer nicht gerade in die Megahallen will, kann sich oft an der Abendkasse noch mit Karten eindecken. Zum Beispiel beim **Night & Day Café** (▸ S. 107). Tagsüber Brunch-Bistro, abends Konzertschuppen. Die Übergänge zwischen Pub und Party sind im Northern Quarter sowieso fließend. Viele Kneipen haben Hinter-, Keller-, Nachbarräume, die mit einer Bühne und Verstärkern ausgestattet sind. Oder lieber selbst ans Mikro? Kein Problem: Im Kult-Pub **The Millstone** (▸ S. 107) reißen sich die Gäste förmlich um die Karaokemaschine. Alternativ geht man zum Singen nach **Chinatown** (F/G 5/6) oder ins **Gay Village** (F–H 5–7). Eine Spezialität in Manchesters Nachtleben sind u. a. Themenbars, in denen man sich im Tischtennis und Minigolf, beim Flippern und Darts-Werfen messen kann. Wenn gewünscht, mit einem Pint Bier oder Cider in der freien Hand. Die Szene ist ein Spielplatz für Erwachsene.

Karaoke ist der Stimmungsmacher im Millstone.

BARS & PUBS

Very British
Britons Protection D 7

Ein Pub wie aus dem Bilderbuch und ein absolutes Musterbeispiel in britischer Kneipenkultur. Vorderer und hinterer Teil des Pubs sind durch eine Theke getrennt, an der der Wirt Kunden auf beiden Seiten bedienen kann. Die Gäste können sich dann mit ihrem frisch gezapften Pint in einen der urigen Räume mit Sitzbank und Kamin zurückziehen oder draußen im Biergarten den Abend einläuten.

50 Great Bridgewater St., T 0161 236 58 95, Facebook, Tram: Deansgate-Castlefield, Mo–Do 12–24, Fr–Sa 12–1, So 12–23 Uhr

Ledersofa und Apfelbaum
Big Hands Karte 2, G/H 5

Mitten im Univiertel gelegen, zieht die wie eine WG eingerichtete Bar vor allem Studierende an. Im Erdgeschoss stehen zusammengewürfelte Ledersofas. Poster kleben an den Wänden und in den Toiletten hat sich mancher mit Edding verewigt. Überraschend ist die große, mit Apfelbäumen bepflanzte Dachterrasse mit Blick auf die Oxford Road.

296 Oxford Road, T 0161 272 73 09, Facebook, Bus 41: University, Mo–Do 12–2, Fr–Sa 12–3, So 15–1 Uhr

Flüssigkantine
Sammy's H 2

Wer durch die Tür dieser Cocktailbar tritt, könnte meinen, in eine Zeitkapsel geraten zu sein: Gelbe Mustertapete, Holzvertäfelung und 70er-Jahre-Möbel rufen laut »Retro«. Die Getränkekarte gibt's an der Theke auf Polaroids. Das Ambiente ist alles andere als muffig: Bei Sammy's beginnen und enden großartige Nächte.

26 Swan St., T 07792 49 59 39, www.instagram.com/sammysmanchester, Tram: Shudehill, Mi 18–23, Do–Sa 17–2, So 13–20 Uhr

Kultkneipe im Kellerklo
The Temple E/F 7

Früher öffentliche Toilette, heute Kultkneipe. Eine schmale Treppe führt runter zu einer der bekanntesten und extravagantesten Bars in Manchester. Auch wenn sich die frühere Nutzung nur noch erahnen lässt – am Grundriss hat sich seither nichts geändert. Das bedeutet: Getrunken, geschwätzt und gefeiert wird auf kleinstem Raum. Der Stimmung tut das keinen Abbruch. Im Gegenteil. Wenn die Jukebox läuft, bebt der ganze Keller.

100 Great Bridgewater St., T 0161 278 16 10, Facebook, Tram: St. Peter's Square, Zug: Oxford Road Station, Mo–Do 15–24, Fr–Sa 15–1, So 16–24 Uhr

Szenegewölbe
Corbieres Wine Cavern E 4

Irgendwie hat diese Bar etwas von einer gemütlichen Höhle: Die Wände sind rustikal verputzt, Nischen und Ecken liefern intime Atmosphäre. Bestellt wird an der Theke. Mit Vorliebe Weine aus Frankreich, Spanien, Portugal. Wesentlich lokaler ist das Musikangebot in der begehrten Jukebox, das hauptsächlich aus Manchester-Idolen besteht. Einer der Gründe, weshalb Corbieres seit mehr als vier Jahrzehnten ein beliebter Treffpunkt der urbanen Szene ist.

2 Half Moon St., T 0161 834 33 81, Facebook, Tram: St. Peter's Square, Mo–Do 16–23, Fr–Sa 16–24, So 16–22.30 Uhr

Heiliger Hopfen
Port Street Beer House H 4

Hier dreht sich alles ums Bier. Man hat sich auf Craft Beer aus der ganzen Welt spezialisiert. Die Auswahl ist riesig, beinhaltet viele Produkte aus lokalen Brauereien und ändert sich ständig. Einen Überblick über das aktuelle Angebot geben die Tafeln an der Theke. Ansonsten berät das fachkundige Personal bei Fragen zu den teilweise außergewöhnlichen Gersten- und Hopfensäften.

39-41 Port St., T 0161 237 99 49, www.portstreetbeerhouse.co.uk, Tram: Piccadilly Gardens, Mo–Mi 14–23, Do–Fr 12–23, Sa 12–24, So 12–22 Uhr

Wein am Kanal
Flawd Karte 2, H 2

Sind wir noch in Manchester? Bei einem Glas spanischem Naturwein im

Flawd könnte man das fast vergessen. Absolutes Urlaubsgefühl stellt sich auch dank der Lage ein: Hier sitzt man direkt an der Marina von Ancoats. Die Bar ist neben ihrer Auswahl von Weißem, Rotem und Orangenem für ihr Essensmenü bekannt, das ausschließlich aus Lokalem und Regionalem produziert wird und fast Sterneniveau erreicht.

9 Keepers Quay, https://flawdwine.co, Tram: New Islington, Mi–Do 17–23.30, Fr 15–24, Sa 12–24, So 12–22Uhr

Uriger wird's nicht

The Old Wellington E 3

Man hat das Gefühl, das Old Wellington könnte einem Charles-Dickens-Roman entsprungen sein. Kein Wunder: Das Gebäude hat knapp 500 Jahre auf dem Buckel, als Pub schenkt es seit 1830 aus. Die behagliche Fachwerkarchitektur und der mit Kopfstein bepflasterte Biergarten machen den Charme der vor der Kathedrale gelegenen Kneipe aus. Neben schweren Ales gibt es hier eine breite Gin-Auswahl und deftige Pies, Pommes und Burger.

4 Cathedral Gates, T 0161 839 51 79, www.nicholsonspubs.co.uk, Tram: Exchange Square, Mo–Fr 11–23, Sa 10–24, So 10–22.30 Uhr

Glamourös

The Refuge F 7

Manchester zeigt sich in diesem gut 900 m² großen Luxus-Pub von seiner schicksten Seite und erinnert an die Kulisse einer 20er-Jahre-Films. Die lang gezogene Bar bildet das Zentrum des Komplexes in dem viktorianischen Gebäude und macht Lust auf einen trockenen Martini oder einen rauchigen Old Fashioned. Der dahinter liegende Wintergarten ist mit Palmen und Samtsofas bestückt. An der Wand des dazugehörigen Restaurants befindet sich ein Mosaik von rauchenden Schornsteinen und der Überschrift: The Glamour of Manchester. Der ideale Ort, um in die Nacht zu tauchen.

Kimpton Clocktower Hotel, Oxford St., T 0161 233 51 51, www.refugemcr.co.uk, Tram: St. Peter's Square; Bahnhof: Oxford Road, Mo–Do 12–23, Fr–Sa 12–24, So 12–22.30 Uhr

Geschüttelt, nicht gerührt

Schofield's Bar C 5

Irgendwas zwischen Bond-Film und New Yorker Gangsterszene – so wirkt die Atmosphäre in Schofield's Bar. Die Spezialität: Cocktails. Kellner tragen Hemd und Schürze. Für ihren exzellenten Service und die hochprozentigen Drinks

Der Name ist Programm: Im Night & Day ist zu jeder Tageszeit was geboten. Tagsüber schlägt man sich den Bauch voll, abends spielen Bands.

hat Schofield's den Titel »Bar of the Year« abgeräumt. Besonders ist auch das Setting: Die Bar liegt im historischen Sunlight House, einem Art-déco-Wolkenkratzer aus den 1930er-Jahren.

3 Little Quay St., Sunlight House, T 07311 77 76 06, www.schofieldsbar.com, Tram: Deansgate–Castlefield, Mi–So 12–1.30, letzte Runde 0.30 Uhr, Einlass ab 18 Jahre

Kerniger Karaoke-Pub

The Millstone G 3

Ein Relikt aus einer Ära des Northern Quarters, in der es noch keine Matcha-Drinks und teuren Cocktails gab. Dieser Pub ist kernig – wie seine Besucher. Neben Bier scheint vor allem die Karaokeanlage Kundenmagnet zu sein. Ein Ort, an dem man auch unter der Woche Elvis-Hits schmettern kann.

67 Thomas St., T 0161 839 02 13, Tram: Market Street, Mo–Do 10–23, Fr–Sa 10–24, So 10–22.30 Uhr

LIVEMUSIK

Für nimmersatte Konzertfans

Band on the Wall H 2

Der Laden bezeichnet sich selbst als Bibliothek für Musik, weil die hier spielenden Künstler alle möglichen Genres repräsentieren. Der Konzertsaal mit angeschlossener Bar ist eine kulturelle Institution, in der in den 1970er-Jahren unter anderem Joy Division auftraten und die heute ihre nimmersatten Fans mit Neuentdeckungen aus aller Welt versorgt. Der skurrile Name stammt aus der Zeit, als das Gebäude noch einen Pub beherbergte, in dessen Hauptraum die Band auf einem an der Wand befestigten Vorsprung spielte.

27 Swan St., T 0161 834 17 86, www.bandonthewall.org, Tram: Shudehill, Di–Fr 16–2, Sa 13–3, So 13–24 Uhr

Exzentriker mit Seele

Night & Day Café G 3

Tagsüber Brunch-Spot, abends Musiktempel: Das Night & Day Café hält nicht nur, was sein Name verspricht. Dieser Bistro-Pub-Konzertsaal-Hybrid ist wie die Seele des Northern Quarter: bunt, ein bisschen schräg, exzentrisch und entspannt. Diese Adjektive treffen auch auf die Gäste zu. Wer hierherkommt, hat ein Faible für Retromode, liebt Soulmusik und raucht selbst gedrehte Zigaretten. Nur schwer lassen sich die Rockstars vom Publikum unterscheiden.

26 Oldham St., T 0161 236 18 22, https://nightnday.org, Tram: Piccadilly Gardens, Mo–Do 13–1, Fr 11–4, Sa 10–4, So 10–24 Uhr

Versteckter Eingang

In Manchesters Ausgehszene sind Geheimbars der letzte Schrei. Inspiriert sind diese versteckten Lokale von den Flüsterkneipen aus den Zeiten der amerikanischen Prohibition. Verboten sind diese sogenannten Speakeasys in Manchester nicht, sie zu finden ist trotzdem aufregend.

Improvisationstalente

Matt & Phreds H 3

Na klar, Matt & Phreds hat sich wegen seiner Jazzkonzerte und spontanen Jamsessions zu einer beliebten Adresse im Herzen des Northern Quarter gemausert. Nicht zu vernachlässigen sind zwei weitere Faktoren. Erstens: Montags und donnerstags ist der Einlass gratis. Zweitens: Wer zur Happy Hour zwei Getränke bestellt, bekommt eine Pizza umsonst dazu. Überzeugt?

64 Tib St., T 0161 831 70 02, www.mattandphreds.com, Tram: Market Street, Mo–Do 19–0.30, Fr–Sa 18–1 Uhr

Musikunterricht

Deaf Institute Karte 2, G 4

Das historische Gebäude an der Manchester Metropolitan University ist seit 2008 Bühne für hippe Indiebands. Neben Konzerten gibt's hier aber auch Disconächte, Quizze, und Open-Mic-Nächte, an denen sich jeder beteiligen kann. Früher wurden hier übrigens wirklich Gehörlose unterrichtet.

KINO, THEATER, KONZERTE

Leinwand für Nischenfans

HOME D 8

Die Mancunians lieben HOME (► S. 56) für sein ausgewähltes und inklusives Programm mit Filmen, die es nicht ins Mainstream-Kino schaffen. Darunter etwa feministische Werke, Debüts noch unbekannter Regisseure oder unter dem Radar des breiten Publikums fliegende Dokus. Im Sommer werden die in ganz England fiebrig verfolgten Wimbledon-Spiele auf Freilichtleinwand gezeigt.

Alte Bühne, junge Ideen

Contact Theatre Karte 2, G 5

Der Bau hat was von futuristischem Chemiewerk: Das Contact Theatre sticht architektonisch ins Auge – im Gedächtnis bleiben die avantgardistischen Aufführungen im Inneren. Die Kunstorganisation besteht schon seit 50 Jahren, sie hat sich vor allem auf die Förderung von jungen Menschen spezialisiert.

Oxford Road, T 0161 274 06 00, www.contactmcr.com, Bus 42: University

Zugabe im Denkmal

Albert Hall D 6

Knarzender Boden, bunte Glasfenster, eine prunkvoll verzierte Decke: Die Albert Hall ist einer der schönsten Konzerträume der Stadt. Und ja, das alles erinnert irgendwie an Kirche. Kein Zufall, denn zu Beginn des vergangenen Jahrhunderts diente das Gebäude als methodistische Kapelle. Heute kann man in dem sakralen Ambiente etwa internationalen Indie-Bands lauschen.

27 Peter St., T 0161 817 34 90, www.alberthallmanchester.com, Tram: Deansgate-Castlefield

135 Grosvenor St., www.thedeafinstitute.co.uk, Bus 18: Aquatics Centre, Mi–So 16–22 Uhr und je nach Veranstaltung

SPEAKEASYS

Hinter der Trommel

The Washhouse F 3

Eine besonders einfallsreiche Tarnung hat man sich hier einfallen lassen. Der Eingang der Bar ist in einem Waschsalon versteckt. Wer ins Lokal im Obergeschoss will, muss durch eine geheime Tür hinter der Waschmaschine. Das einzig Verräterische an der unscheinbaren Fassade ist der Türsteher. Wichtig: Nur denjenigen, die vorher gebucht haben, wird Eintritt gewährt.

19 Shudehill, T 0161 839 52 87, www.the-washhouse.co.uk, Tram: Shudehill, Mo–Mi 16–1, Do 16–3, Fr–Sa 12–3, So 12–23 Uhr

Die Bar über der Bar

Cane & Grain G 3

Sie betreten das Cane & Grain. Sie sehen eine Theke. Leute, die sich an die Bar drängen. Was Sie nicht sehen, ist die Geheimtür, die links vom Tresen in die Wand eingelassen ist. Durch diese und über eine Treppe gelangen Sie in den versteckten Teil der Kneipe – mit gemütlichen Ledersofas und Schummerlicht.

49–51 Thomas St., T 0161 839 70 33, www.caneandgrain.co.uk, Tram: Market Street, So–Do 12–2, Fr–Sa 12–3 Uhr

Einfahrt freihalten

Wood & Company E 4

In der klassischen Cocktailbar sorgen gemütliche Sitze, die holzvertäfelte Decke und edle Gläser für Lounge-Flair. Außergewöhnlich ist der Eingang: Versteckt hinter einem Liefereingang an der King Street, wissen wirklich nur Eingeweihte, welches Bar-Gold sich hier versteckt. Zu erkennen ist die richtige Tür am irreführenden Schild: »Goods entrance, keep clear« – Liefereinfahrt, bitte freihalten.

39 South King St., T 0161 839 39 16, www.woodandcobar.com, Bus 1 Free Bus: King Street, Mi–Do 17–1, Fr–Sa 16–3 Uhr

Verrucht

Behind Closed Doors H 3

Nur die drei neonpinken Leuchtbuchstaben BCD weisen auf die Bar hin.

»Welcome Home«: Diese Einladung ins HOME nehmen die Mancunians gerne an.

Insider wissen: Dahinter verbirgt sich die Abkürzung der Cocktailbar Behind Closed Doors. Wer rein will, muss klingeln. Aufregend geht's drinnen weiter: Per Telefon kann man Getränke mit Namen wie »Stop If I Scream« oder »The Chamber of Sins« an der Theke bestellen.
93 Oldham St., T 0161 834 81 48, www.bcdnq.com, Tram: Piccadilly Gardens, So–Mi 17–2, Do 17–3, Fr–Sa 17–4 Uhr

TANZEN

Disco-Kantine
Soup Kitchen H 3

Ins Soup Kitchen am Stevenson Square geht die lässige Northern-Quarter-Szene nicht nur zur Mittagspause und zum Konzertbesuch, sondern auch zum Tanzen. Die Atmosphäre? Entspannt. Der Dresscode? Jeans und Turnschuhe. So kann man sich auch noch ganz spontan zur Clubnacht entscheiden.
31–33 Spear St., T 0161 236 51 00, www.soupkitchenmcr.co.uk, Tram: Piccadilly Gardens, Mi–Do 16–1, Fr–Sa 12–4 Uhr, Eintritt je nach Event, ab 5 £

Rummel auf jedem Stockwerk
YES G 8

Das YES ist wie ein Erlebnispark fürs feierwütige Volk. Über vier Stockwerke eines alten Auktionshauses verteilt, zieht sich ein Club neuer Dimension. Teil des Komplexes sind beispielsweise ein Pizzastand, eine Dachterrasse, thematisch gestaltete Räume und mehrere Bars. Zum Programm zählen kleine und größere Gigs junger Künstler, sowie DJ-Sets.
38 Charles St., T 0161 273 27 25, www.yes-manchester.com, Zug/Bus 42: Oxford Road Station, So–Mi 12–24, Do 12–2, Fr–Sa 12–4 Uhr, oft freier Eintritt, sonst ab 6 £

Legendär
The Warehouse Project K 7

Wie zu alten Rave-Zeiten fallen bei The Warehouse Project Studierende und Junggebliebene in einer leer stehenden Fabrikhalle zu Techno-Beats in Ekstase. Die Veranstalter laden an Wochenenden Tausende Tanzhungrige in ein altes Depot hinter dem Hauptbahnhof Piccadilly Station. Manche reisen dafür extra von weiter her an, so legendär ist die Partyreihe. Kein Wunder: An den Turntables lösen sich weltweit bekannte DJ-Größen ab. Dem Line-up entsprechend teuer sind jedoch die Eintrittspreise: 30 £ bis 40 £.
Mayfield Train Station, The Depot, Fairfield St., T 0161 835 35 00, Programm und Tickets unter www.thewarehouseproject.com, Bahnhof/Tram: Piccadilly

Hin & weg

Ankunft

...mit dem Flugzeug
Der **Manchester Airport** (MAN) liegt 12 km südwestlich des Stadtzentrums und ist hervorragend angebunden (🕮 Karte 3, B 3, T 0808 169 70 30, www.manchesterairport.co.uk).
Mit dem Zug in die Stadt: Der Bahnhof ist an das Terminal 1 angebunden und über eine überdachte Brücke zu erreichen. Von dort fährt täglich alle 10 Min. ein Zug in Richtung oder über den im Stadtzentrum gelegenen Hauptbahnhof Manchester Piccadilly (🕮 J 6). Die Fahrt dauert etwa 20 Min. Tickets gibt es an den Automaten neben der Rolltreppe oder beim Ticketschalter vor dem Eingang für etwa 5,60 £ pro Einzelfahrt (www.nationalrail.co.uk).
Nachts/Mit dem Bus in die Stadt: Rund um die Uhr pendelt die Buslinie 43 des Unternehmens Stagecoach (www.stagecoachbus.com) zwischen dem Flughafen und Piccadilly Gardens. Der Bus, der mind. halbstündlich verkehrt, klappert jede Menge Stationen ab und benötigt deshalb circa eine Stunde bis ins Stadtzentrum. Die Fahrt kostet etwa 3,50 £ und startet am Airport-Bahnhof.
Mit der Metrolink (Tram) in die Stadt: Wenn Sie vom Flughafen direkt ins Zentrum fahren wollen, ist der Zug die schnellste Option. Wer aber zum Beispiel südlich vom Stadtkern untergebracht ist, für den bietet sich die Straßenbahn an. Die blaue Tramlinie verkehrt von 6 bis 23 Uhr alle 12 Min. zwischen dem Airport und Victoria Station und macht etwa im Vorort Chorlton, aber auch an zentral gelegenen Bahnhöfen wie Deansgate oder Exchange Square Halt. Die Fahrt bis zur Endstation Victoria dauert etwa eine Stunde und kostet ca. 4,60 £.
Mit dem Taxi in die Stadt: Taxis starten außerhalb der Terminals und die Fahrt bis ins Zentrum kostet ca. 25–30 £. Wer sich ein Fahrzeug per App bestellt, spart etwas Geld, muss den Fahrer aber am Parkhaus vorm Terminal 1 treffen.

...mit der Bahn:
Wenn Sie bereits in Großbritannien unterwegs sind, ist Manchester ganz einfach mit dem Zug zu erreichen. Drei große Bahnhöfe markieren den Stadtkern: **Manchester Piccadilly** (🕮 J 6) im Südosten, **Victoria Station** (🕮 E/F 1) im Norden und **Oxford Road Station** (🕮 F 8) im Südwesten. Während die beiden Letzteren vornehmlich Vororte anfahren, kommen am Hauptbahnhof Piccadilly Station alle Züge aus London, Liverpool und Schottland an. Von hier gibt es aber auch die schnellste Verbindung in den südlich von Manchester gelegenen Nationalpark Peak District. Sowohl Piccadilly als auch Victoria Station sind bequem per Straßenbahn zu erreichen. Um zur Manchester Oxford Road Station zu gelangen, muss man am St. Peter's Square aussteigen und die übrigen 600 m zu Fuß bewältigen. Generell sei gesagt, dass sich das Vorabbuchen von Zugtickets in den meisten Fällen lohnt, da sich die privaten Betreiber einen regelrechten Preiskampf liefern. Auf www.trainline.com gibt's Fahrkarten fast immer günstiger als am Automaten.

...mit dem Bus:
Wer mit dem Fernbus anreist, landet an der **Manchester Coach Station** (🕮 G 6), ca. 10 Gehminuten vom Hauptbahnhof Piccadilly Station an der Chorlton Street.

Informationen

Manchester Visitor Information Centre: 🕮 E 6, im Foyer der Manchester Central Library, St. Peter's Square, Mo–Sa 9–17 Uhr
HOME Tourist Information Centre:

Auch wenn die Wagen heute wesentlich moderner daherkommen: Die Black Cabs sind immer noch im Einsatz.

D 8, 2 Tony Wilson Place, T 0161 200 15 00, tgl. 10–23 Uhr. Im Kulturverein HOME gibt's fachkundige Auskunft zu Sehenswürdigkeiten, Gastronomie und Kunst.

Im Internet
www.visitmanchester.com: offizielle Website des städtischen Tourismusamts
www.manchestersfinest.com: Restauranttests, Neueröffnungen und sonstige Stadtgespräche
www.eatmcr.co.uk: Hält über Neueröffnungen im Gastro-Bereich auf dem Laufenden.

Apps
My TfGM: alles rund um den öffentlichen Nahverkehr direkt aufs Handy
I Love MCR App: allgemeine Neuigkeiten und Überblick über das Kulturangebot
Confidentials: Angesagte Bar- und Restauranttipps gibt's hier zuerst.
Too Good To Go: Zeigt reduzierte Mitnehmgerichte an, die sonst in der Tonne landen würden.

Magazine mit aktuellen Infos
Bag Thing: Das Kulturprogramm liegt gratis in vielen lokalen Läden und Bars im Northern Quarter aus.

REISEN MIT HANDICAP

Informationen rund um Barrierefreiheit gibt die **Manchester Disabled People's Access Group** auf ihrer Website www.mdpag.org.uk.

SICHERHEIT UND NOTFÄLLE

Generell gilt: Manchester ist ein sicheres Pflaster. Jedoch sollte man bei Dunkelheit an Piccadilly Gardens aufpassen und nachts nicht unbedingt allein durch die einsamen Gassen im Northern Quarter schlendern. Es ist üblich, in der Innenstadt von Obdachlosen nach Kleingeld gefragt zu werden. In der Regel sind das sehr harmlose Situationen, aus denen man sich einfach höflich entfernen kann. Brenzliger kann es hingegen in Sachen Fußball zugehen. Wer Trikot oder Schal einer der Manchester-Klubs trägt, muss damit rechnen, bei manchen Pubs und Bars nicht reinzukommen.
Notruf: 999 oder 112

Bank- und Kreditkartensperrung: Für die am Sperrsystem beteiligten deutschen Banken und Kreditkartenfirmen: T +49 116 116, T +49 30 40 50 40 50, www.sperr-notruf.de. In Österreich und der Schweiz erfolgt die Sperrung über die ausstellende Bank, die der wichtigsten Kreditkarten auch über den deutschen Notruf. Kreditkartennummer, Kontonummer und Bankleitzahl sollten griffbereit sein.
Krankenhaus: 🕮 Karte 2, H 5/6, Manchester Royal Infirmary, Oxford Road, T 0161 276 12 34.
Ambulante Versorgung: City Health Walk In Centre, 🕮 E 4, 32 Market St., im selben Gebäude wie Boots, tgl. 8–20 Uhr, T 0161 839 62 27
Diplomatische Vertretungen
Deutsche Botschaft: T 020 78 24 13 00, www.uk.diplo.de
Österreicherische Botschaft: T 0161 934 30 26, www.bmeia.gv.at/oeb-london
Schweizer Botschaft: T 0749 051 51 23, www.eda.admin.ch/london

UMWELTFREUNDLICH UNTERWEGS

Öffentlicher Nahverkehr
www.tfgm.com
Tram: Der Metrolink in Manchester verfügt über acht Linien. Ihre farbliche Kennzeichnung macht es leicht, sich zurechtzufinden. Die Taktfolge ist dicht, die Züge fahren von ca. 6 bis 23 Uhr. Ticketpreise sind nach Zonen aufgeteilt und richten sich somit danach, wie weit Sie fahren möchten. Einzelkarten kosten mind. 1,40 £, die Tageskarte lohnt sich schon ab der zweiten Fahrt. In allen Trams gibt es kostenloses Wifi. Während der Rushhour – ca. 9 Uhr morgens und 18 Uhr abends – kann es eng werden.
Bus: Das Busnetz ist außerordentlich gut ausgebaut, jedoch für Gäste schwierig zu durchschauen. Interessant für Urlauber ist die Linie 192, die vom Hauptbahnhof Piccadilly nach Stockport führt und zeigt, wie unterschiedlich die Wohnviertel in Manchester sind. Außerdem gibt es drei **Free-Bus-Linien,** die ca. 6–23 Uhr im 10- bis 20-Min.-Takt Sehenswürdigkeiten und Verkehrsknotenpunkte im Zentrum anfahren (siehe Faltplan). Und das umsonst!
Taxi: Es gibt unzählige Fahrdienste, grundsätzlich sind die traditionellen Black Cabs zu empfehlen. Die können, sofern das Licht auf dem Dach leuchtet, einfach von der Straße aus angehalten werden. Es kann aber nur bar bezahlt werden. Ausschließlich per App und Kreditkarte rechnet der in Manchester sehr beliebte Service Uber ab. Oft sind die privaten Chauffeure etwas günstiger als ihre Kollegen in den schwarzen Taxis.
Mietwagen: Autofahren ist in Manchester nicht zu empfehlen. Allein schon wegen des Linksverkehrs. Und auch wenn man sich den zutraut: Einbahnstraßen erschweren das Zurechtkommen erheblich. Zudem gibt es in der Innenstadt so gut wie keine kostenfreien Parkplätze. Beachten Sie: Zwei durchgezogene gelbe Linien am Straßenrand bedeuten absolutes Halteverbot.
Zu Fuß
Wer eine Unterkunft im Zentrum bezogen hat, kann Manchester wunderbar zu Fuß erkunden, denn die meisten Sehenswürdigkeiten liegen im Stadtkern. Aber Obacht! Beim Überqueren der Straße bitte vorsichtig sein – Autos kommen zuerst von links.

STADTFÜHRUNGEN

Invisible Cities Tours: Kaum einer kennt die Straßen von Manchester besser, als jemand, der sie einmal sein Wohnzimmer nennen musste. Bei den zweistündigen Exkursen von Invisible Cities führen ehemalige Obdachlose durch die Stadt, teilen Anekdoten und ihren ganz persönlichen Blick auf die Entwicklung ihrer Heimat. Teilnahme kostet 12 £ und unterstützt die Tourguides. Mehr Infos unter www.invisible-cities.org.
Manchester Music Tours: In einem gelben Bus düsen Sie an Orte, an denen Oasis, The Smiths und Joy Division Musikgeschichte schrieben (► S. 82).

STRASSENFESTE

Paraden, Musik, Kultur, Essen – Manchesters Kalender ist voll mit Konzertreihen und Straßenfesten. Hier eine Auswahl der Interessantesten:

Manchester Food and Drink Festival
In der letzten Septemberwoche wird im Stadtkern Kulinarik zelebriert. Essensstände, Livemusik und Bars ziehen Foodies aus der Region in die City. Außerdem adelt eine Jury die besten Gastronomen Manchesters mit einer Auszeichnung (www.foodand drinkfestival.com).

King Street Festival
Die King Street ist ohnehin eine der schönsten Straßen in Manchester. Doch am ersten Wochenende im Juni putzt sie sich mit Essensständen, Sitzgelegenheiten und Musikern so richtig raus (www.visitmanchester. com/ideas-and-inspiration/king-street-festival).

Sounds of the City
Eine ganz besondere Konzertreihe. In der Castlefield Bowl, umgeben von Schiffskanälen und Eisenbahnbrücken, spielen im Juli angesagt Indie-Musikgiganten. Obwohl die Gigs meistens ausverkauft und damit proppenvoll sind, herrscht intime Atmosphäre (www.festicket.com/de/festivals/sounds-of-the-city).

Manchester International Festival
Das »Mif«, wie Kenner es nennen, macht Manchester alle zwei Sommer zum kulturellen Zentrum Nordenglands. Internationale Künstler und Kreative füllen ein knapp dreiwöchiges Programm mit Theater, Vorträgen, Filmen etc. Bei den bisherigen Ausgaben waren Berühmtheiten wie Yoko Ono, Björk oder David Lynch Aushängeschilder der Feierlichkeiten (www.mif.co.uk).

Manchester Pride
Der Stolz Manchesters, so würden viele Einheimische argumentieren, liegt in seiner Toleranz. Und das wird jährlich am letzten Augustwochenende bejubelt. Mit Konzerten, Paraden und Straßenfesten zelebriert sich dann die LGBTQI+-Gemeinschaft und lädt alle zum Mitfeiern ein. Epizentrum dieses bunten Treibens ist das Gay Village, aber auch der Rest der Stadt trägt zu diesem Anlass Regenbogenfarben (www.manchesterpride.com).

Northern Quarter Street Art Tour: City-Bloggerin Hayley bietet einzigartige Stadtführungen an. Zum Beispiel rund um Graffiti, Tags und Stencils im alternativen Northern Quarter. Teilnahme kostet 10 £ und ist unter www.theskyliner.org zu vereinbaren.

Stadiontouren: Die beiden Megafußballvereine City und United bieten Führungen durch die clubeigenen Museen und Stadien an. Das Ganze dauert jeweils etwa so lang wie ein Fußballspiel, ist mit 25 £ jedoch wesentlich erschwinglicher als Tickets für ein Premier-League-Match (www.mancity.com, www.manutd.com, ► auch S. 67).

Hop-on, Hop-off: 🕮 D 5, Quietschgrün und gut, um sich einen ersten Überblick zu verschaffen. Für 6 £ bringt einen der Doppeldeckerbus zu den berühmtesten Sehenswürdigkeiten. Es liegt dann an Ihnen, ob ein Blick aus dem Fahrzeug reicht oder Sie zum näheren Betrachten aussteigen wollen. Umschlagplatz ist am Albert Square gegenüber dem Rathaus. Weitere Infos unter www.sightseeingmanchester.com.

SCHIFFSTOUREN

Die **Manchester River Cruises** (🕮 Karte 2, A 4) bieten stündlich Schiffstouren rund um den Manchester Ship Canal und den Fluss Irwell an. Die Anker werden an Salford Quays gelichtet. Entern kostet 9 £, www.manchester rivercruises.com.

O-Ton Manchester

Das Klima im Blick

Reisen bereichert und verbindet Menschen und Kulturen. Wer reist, erzeugt auch CO_2. Der Flugverkehr trägt mit bis zu 10 % zur globalen Erwärmung bei. Wer das Klima schützen will, sollte sich – wenn möglich – für eine schonendere Reiseform entscheiden oder die Projekte von atmosfair unterstützen. Flugpassagiere spenden einen kilometerabhängigen Beitrag für die von ihnen verursachten Emissionen und finanzieren damit Projekte in Entwicklungsländern, die dort den Ausstoß von Klimagasen verringern helfen (www.atmosfair.de). Auch die Mitarbeiter des DuMont Reiseverlags fliegen mit atmosfair!

Abbildungsnachweis

iStock.com, Calgary (CA): Titelbild, Faltplan (trabantos)
laif, Köln: S. 60 (Arcaid/Gu Shiyin); 80 (CAMERA PRESS/Anna Watson); 14/15, 49, 52, 120/3 (CAMERA PRESS/Brian Stark); Umschlagklappe hinten (CAMERA PRESS/Ian Tilton); 66, 111 (Frank Heuer); 47, 70 (Guardian/eyevine/Christopher Thomond); 12/13 (Loop Images/Russell Hart); 16/17, 31, 57, 61, 78/79 (Robert Haidinger); 48, 83, 102 (Severin Wohlleben)
Mauritius Images, Mittenwald: S. 85 (Alamy Stock Photos/Alan Williams-VIEW); 68 (Alamy Stock Photos/Bjanka Kadic); 8/9 (Alamy Stock Photos/Electric Egg); 98 (Alamy Stock Photos/Fabio De Paola); 20 (Alamy Stock Photos/Howard Harrison); 45 (Alamy Stock Photos/Jackie Ellis); 65 (Alamy Stock Photos/Martin Thomas Photography); 86, 100 (Alamy Stock Photos/Russell Hart); 32, 89 (Alamy Stock Photos/Tony Smith); 106 (Ian Dagnall)
picture-alliane, Frankfurt a. M.: S. 41, 42, 120/9 (ZUMAPRESS.com/Joel Goodman)
shutterstock.com, Amsterdam (NL): S. 120/8 (Mikolaj Barbanell); 22, 64 (Alexander-Glover); 53 (amirraizat); 97 (Angyalosi Beata); 90 (Anna Mente); 7 (b-hide the scene); 4 o. (berm_teerawat); 75 (ChristianRogersPhotograph); 56 (ChristopherGeorge); 94 (ElenaChaykinaPhotography); Umschlagklappe vorn (espesorroche); 28 (Garry Basnett); 74 (Ian Fletcher); 44 (Igor Paszkiewicz); 24 (Iryna Kalamurza); 4 u. (Joe Dunckley); 35 (Jonathan Tallon); 109 (Josh B Hewitt); 120/6 (Keith Homan); 69 (SAKhanPhotography); 92 (seeshooteatrepeat); 103 (Smiltena); 36, 63 (trabantos); 104 (Tupungato); 38 (V. Petkov)
Wikimedia Commons: S. 120/1 (CC BY-SA 2.0/Will Fresch); 120/4 (CC BY-SA 3.0/Parrot of Doom); 120/2, 120/7 (CC PD); 120/5 (CC PD/Phrood)
Zeichnung: S. 5 (Antonia Selzer, St. Peter); Alle übrigen Zeichnungen (Gerald Konopik, Mammendorf)

Kartografie

© DuMont Reiseverlag, Ostfildern

Umschlagfotos

Titelbild: Salford Quays bei Nacht
Umschlagklappe hinten: Publikum im Club Fac 51 Haçienda im Jahr 1990 in Manchester

Hinweis: Autorin und Verlag haben alle Informationen mit größtmöglicher Sorgfalt geprüft. Gleichwohl sind Fehler nicht vollständig auszuschließen. Alle Angaben erfolgen ohne Gewähr. Bitte schreiben Sie uns! Über Ihre Rückmeldung zum Buch und Verbesserungsvorschläge freuen sich Autorin und Verlag:
DuMont Reiseverlag, Postfach 3151, 73751 Ostfildern,
info@dumontreise.de, www.dumontreise.de

1. Auflage 2023

Autorin: Sarah Neder
Redaktion/Lektorat: Doreen Reeck
Grafisches Konzept: Eggers+Diaper, Potsdam
Printed in Poland

Kennen Sie die?

9 von 553 230 Mancunians

Liam Gallagher

Mit Bruder Noel gründet der aus dem Stadtteil Burnage stammende Liam in den 1990ern die legendäre Britpop-Band Oasis. Obwohl sich die Brüder zerstritten haben – die Mancunians verehren die Gallaghers wie Halbgötter.

Emmeline Pankhurst

Die Aktivistin stammt aus Manchester. Die Gründerin der Women's Social and Political Union hat ihr Leben für die Rechte von Frauen riskiert. Ein erfolgreicher Kampf, der 1918 in der Einführung des Frauenwahlrechts gipfelte.

Ian Curtis

So grandios und erfolgreich die Musik seiner Band Joy Division, so tragisch sein eigenes Schicksal: Mit nur 24 Jahren nahm er sich das Leben. Sein Grabstein auf dem Macclesfield Cemetery ist bis heute Pilgerstätte für Fans.

Manchester Baby

Weder klein noch jung: Das Baby ist der erste programmgesteuerte Computer, erfunden an der University of Manchester, so groß wie ein Lastwagen und mehr als 75 Jahre alt.

Elizabeth Gaskell

»Mrs. Gaskell«, Autorin von »Frauen und Töchter«, ist eine der berühmtesten Schriftstellerinnen des viktorianischen Zeitalters. Sie hat ihre letzten und produktivsten 15 Jahre in Manchester verbracht.

Vimto

Eine weitere lokale Erfindung, auf die wir Mancunians stolz sind, ist eine klebrige, rote Limonade namens Vimto. An der Sackville Street hat man der Brause mit Beerengeschmack sogar ein Denkmal gesetzt.

John Dalton

Der farbenblinde Naturwissenschaftler hat als Erster die Atomtheorie in die Chemie eingeführt. Bis zu seinem Tod 1844 forschte und lehrte er hauptsächlich in Manchester.

Stephanie Houghton

Seit 2014 kickt sie bei Manchester City, 2022 tütete sie den EM-Titel mit der englischen Nationalelf ein. Ein Mural an der Oldham Street zeigt die Ausnahmefußballerin.

Cheddar Gorgeous

Weltenwandlerin Cheddar ist mal Außerirdische, mal Einhorn und zeigt ihre Travestiekunst sowohl im englischen Fernsehen als auch in Clubs in Manchester.